건강한 예배 세움 시리즈 **3**

예배 무엇이든 물어보세요 ❷

∧
세움북스 는 기독교 가치관으로 교회와 성도를 건강하게 세우는 바른 책을 만들어 갑니다.

건강한 예배 세움 시리즈 3

예배 무엇이든 물어보세요 ❷

초판 1쇄 인쇄 2018년 3월 15일
초판 1쇄 발행 2018년 3월 20일

지은이 | 안재경
펴낸이 | 강인구

펴낸곳 | 세움북스
등 록 | 제2014-000144호
주 소 | 서울시 마포구 양화로 78, 502호(서교동, 서교빌딩)
전 화 | 02-3144-3500
팩 스 | 02-6008-5712
이메일 | cdgn@daum.net

교 정 | 김민철
그 림 | 곰도와니
디자인 | 참디자인

ISBN 979-11-87025-27-6 [03230]

예배
무엇이든 물어보세요

안재경 글 ㅣ 곰도와니 그림

② 2

세움북스

예비
무엇이든 물어보세요

2

추천의 글

* * *

예배가 있는 곳에 교회가 있습니다. 그리고 예배 없는 성도의 삶은 불가
능합니다. 그런데 우리는 예배에 대해서 얼마나 알고 있습니까? 혹 습
관적으로 예배에 참여하지는 않습니까?

저자는 예배를 차분하게 그려 내면서 예배 속으로 우리를 인도합니
다. 본서는 예배의 면면을 정확하게 소개합니다. 읽으면 읽을수록 예배
에 편하고 익숙해지도록 만들어 줍니다.

저자는 독자와 대화를 나누듯 예배의 진면목을 풀어 줍니다. 예배와
순서에 대해서 가졌던 늘 떠나지 않던 궁금증을 풀어 줍니다. 잘못된 예
배 관행은 바르게 고쳐 주고, 성경과 교회사로부터 예배에 덧붙이면 유
익하고 좋은 것들을 제안하기도 합니다. 그래서 책장을 넘길 때마다 예
배자로서의 정체성을 꼿꼿하게 세워 줍니다.

본서는 세대를 막론하고 교리교육에 좋은 교재입니다. 동시에 세례교
육서로서 초신자에게도 쉬운 예배 교재이며, 직분자 교육에도 좋은 안
내서입니다. 본서가 한국 교회의 예배를 한 단계 앞으로 인도할 것을 확
신하면서, 일독을 권합니다.

유해무 교수

(『개혁교의학』, 『우리는 무엇을 믿는가』 저자, 고려신학대학원 교수)

＊＊＊

저는 저자 안재경 목사님과 일면식도 없습니다. 그러나 『예배 무엇이든 물어보세요』를 통해 만난 저자는 이 주제를 설명함에 있어서 참으로 친절하고 따뜻합니다. 그리고 이 주제에 대한 역사적인 이해와 성경적인 깊이도 구비했습니다.

예배는 우리의 몸을 산 제물로 드리는 삶의 이정표요 요약이며 핵심입니다. 그래서 예배의 본질을 이해하고 회복하는 일이 무엇보다 시급합니다. 이를 위해서는 예배를 둘러싼 기본적인 지식이 필요한데, 이 책은 예배를 사랑하는 사람들의 일반적인 궁금증을 시원하게 해소합니다.

교회의 현장에서 촉발되는 예배의 구체적인 의문들, 즉 십자가, 강단 꽃꽂이, 설교자의 복장, 스크린의 사용, 묵도의 필요성, 축도의 고어체 문제 등을 풀어 주기 때문에 대단히 실용적인 예배 설명서입니다. 게다가 각 장의 첫 페이지에 등장하는 재치 있는 삽화에 빵빵 터지면서 일독하면 유쾌한 마음의 양식으로 섭취할 수 있으리라 생각합니다.

한병수 교수

(『개혁파정통주의 신학 서론』, 『기독교란 무엇인가』 저자, 전주대학교 교목)

한국 교회 성도들은 왜 하는지 이유를 알 수 없는 순서들로 메워진 소위 전통적인 예배와, 이에 대한 반동으로 예배의 요소를 대폭 간소화하고 감성을 충족시키며 실용적인 내용으로만 채워진 소위 '찬양집회' 스타일의 예배 사이의 어딘가에서 방황하고 있습니다. 그 안에는 성경이 요구하지도 않은 미신적인 요소들과, 예배의 본정신은 사라진 채 사람들의 종교심만을 만족시키는 요소들이 혼란스럽게 섞여 있습니다.

이 책은 이렇듯 예배의 혼란을 겪고 있는 한국 교회에, 종교개혁으로부터 이어진 예배의 성경적 의미를 충실하게 전달함으로 하나님을 향한 예배 본연의 영광을 드러냅니다.

저자의 친절한 설명과 풍자 가득한 재미있는 삽화는, 본래 왜 하는지 몰랐던 예배 각 요소의 의미를 알려주기도 하고 늘 습관적으로 해 왔던 예배 모습의 잘못을 지적하기도 합니다. 그리고 이러한 지식을 통해 우리는 삼위 하나님을 영과 진리로 예배함에 따라 누리는 자유를 경험하게 되지요.

집어 들고 읽으십시오. 우리 역시 예수님처럼 "우리는 아는 것을 예배하노니"(요 4:22)라고 말할 수 있을 것입니다.

이정규 목사

(『야근하는 당신에게』, 『회개를 사랑할 수 있을까?』 저자, 시광교회 담임)

그리스도인의 가장 실제적인 신앙의 표지는 예배(말씀과 성례)입니다. 매 주일마다 드리는 예배가 신자로서의 거룩한 구별됨이요 본질적인 행위입니다. 하지만 매일 숨 쉴 수 있는 공기에 대한 감사를 잊고 살 듯, 예배의 중요성과 감사를 잊고 사는 듯합니다. 습관적으로 드리는 예배가 있는가 하면, 너무 익숙해서 놓치고 있는 생각들과 행위들이 있습니다. 성경의 내용 못지않게 우리가 늘 행하는 형식과 전통도 매우 중요한데 말입니다.

그런 의미에서 이 책은 언제나 당연히 여겨서 잊고 있었던, 어쩌면 정확하게 알지 못하는 내용들인데 새삼스럽게 질문하기가 부끄러웠던(나만 모를까 싶어서 묻지 못했던), 누구도 가르쳐 주지 않았던 내용들을 꼼꼼하게 짚어 줍니다. 잘못 사용했던 용어나 오해했던 개념들이나 방법들을 쉽고 간결하게 정리해 줍니다.

신자의 신앙생활에서 교리적 오류를 바르게 인식하는 것이 참으로 중요하듯이, 우리가 매일 보고 듣고 행하는 형식과 그 가운데 의식하는 마음의 편견과 오류를 바로잡는 것도 매우 소중합니다.

이번 기회에 저자의 안내에 따라, 확실하게 알지 못하고 행했던 오류들을 말끔하게 정돈했으면 좋겠습니다. "그러려니" 하고 넘어갔던 무수한 반복들과, 왜곡된 사상과 방법들로 예배하고 신앙하는 자세가 얼마나 심각한 위험들인지 일깨워 주었으면 좋겠습니다.

서자선 집사

(기독교 독서 및 교리교육 전문가, 광현교회)

저자 서문

한국 교회는 고속성장을 구가하던 시대를 지나 정체기, 내지 침체기에 접어들었습니다. 교회는 이런 난국을 돌파하고자 불건전한 영성 추구와 세속적인 교회 운영도 마다하지 않기도 합니다. 그럴수록 기본으로 돌아가고, 원칙에 충실해야 합니다. 교회의 기본 중의 기본은 제대로 예배하는 것입니다. 예배의 개혁, 직분의 개혁이 교회의 개혁이기 때문입니다. 우리의 기분과 욕구를 충족시켜 주는 예배, 그래서 예배하고 나서 나의 고집과 뜻을 조금이라도 굽히지 않는 예배야말로 지양해야 할 것입니다.

필자는 한국 교회가 생명을 누리는 언약적인 예배를 엄숙하게, 그리고 동시에 기쁘게 드림으로 삼위 하나님과의 교제가 풍성하고 성도들이 모든 선한 일을 행하기에 부족함이 없도록 구비되기를 바라는 마음이 간절합니다. 예배를 통해 삼위 하나님과 교제하고, 삼위 하나님을 온전히 받지 않고서는 그 어떤 매력적인 프로그램과 종교적인 열심으로 교회의 회복을 일구어 내기 어려울 것입니다.

교회는 마지막 날까지 예배해야 합니다. 우리는 예배를 배워야 합니다. 이제부터라도 예배가 무엇인지, 예배의 요소와 순서를 하나하나 살피고 어떻게 구성해야 할지를 논의해야 하겠습니다. 하나님께서는 예배를 통해 교회가 필요한 모든 은혜를 부어 주신다는 것을 알아야 하겠습

니다. 잘못된 열심이 아니라 성령께서 주시는 지혜로 예배와 관련된 공교회적인 전통을 차분히 살펴서 적용해야 하겠습니다. 이것이야말로 추락하고 있는 한국 교회를 추스를 뿐만 아니라 세계 교회에 기여하는 길이 될 것입니다. 하나님께서는 이런 우리의 수고에 덤으로 전도의 길도 열어 주실 것입니다.

이 책은 앞서 발간한 『예배 무엇이든 물어보세요』의 2탄입니다. '기독교보'에 연재한 글들 중 지난 책에 실리지 못했던 것들을 묶은 것입니다. 이 책은 예배와 관련한 이런 저런 궁금증들을 받아서 속 시원하게 풀어보려고 애쓴 결과물입니다.

연재를 허락해 준 기독교보와 연재한 글을 읽고 큰 도움이 되었다는 분들의 감사와 격려가 그 연재를 계속하는 힘이 되었습니다. 본인과 함께 한때 온생명교회를 섬겼던 곰도와니(권도완 강도사)님이 일러스트를 그렸습니다. 본인의 글에 대한 나름의 해석입니다. 글과 그림을 통해 예배를 배워 가고 고민하는 시간이 되기를 바랍니다.

2018. 3

안재경

| 차례 |

1. 주일과 예배

2. 기도와 찬송

3. 헌금과 성례

4. 예식

5. 절기와 교회력

1
주일과 예배

1
어린이(어버이) 주일을
지키는 이유가 뭡니까?

우리 사회에서 5월을 가정의 달이라고 부르면서 많은 행사들이 열립니다. 교회도 어린이 주일, 어버이 주일을 지키는데요. 주일에 어린이 어버이란 말을 붙이는 것이 바람직한가요? 심지어 부부 주일, 스승의 주일이란 이름을 만들어서 5월 전체를 다 특정 주일로 만들기도 하는데요. 모든 주일은 주님의 부활을 기념하고 축하하는 날이라고 알고 있습니다. 어린이와 어버이와 부부가 주인이 되는 주일이 바람직한가요? 기독교는 무엇보다 가정을 중요하게 여기겠지만, 그래도 어린이 어버이 주일이라는 말을 삼가야 하지 않을까요? 제가 너무 근본주의적인 생각을 하는가요?

언급하셨듯이 주일에 특정한 이름을 붙이는 경우가 많아지고 있습니다. 대표적인 것이 어린이 주일, 어버이 주일이고요. 그 외 국가적으로, 교단적으로 각종 사건을 기념하기 위한 주일을 만드는 경우도 많습니다. 우리는 교회력을 잘 살펴봐야 합니다. 교회력은 고대 교회 때 만들어져 발전해 갔습니다. 처음에는 모든 주일을 부활 주일이라고 생각했습니다. 그러다가 부활과 성탄을 포함한 그리스도의 구속 사역을 특정한 주일에 축하하고 기념하여 지키기 시작했습니다. 그리스도의 구속 사역을 기념하고 재현하여 그 은덕을 묵상하고 누리기 위해 특정 주일을 정했다는 말입니다. 로마 교회는 그리스도의 구속 사역을 기념하는 주일들

외에 성인들을 기념하는 날들을 만들어서 교회력을 타락시켰습니다.

어린이 주일이 필요한 이유가 어디에 있을까요? 예전에는 어른들이 어린이들을 무시하고 사람 취급을 하지 않았기 때문에 어린이날이 생겼습니다. 지금은 매일이 어린이날이라고 해야 할 정도입니다. 그런데 굳이 어린이 주일을 만들어서 어린이들을 대접(?)해야 할 이유가 있을까요? 어린이 주일에 주로 듣게 되는 설교는 예수님께서 "어린아이들을 용납하고 내게 오는 것을 금하지 말라"(마 19:14)고 하신 말씀입니다. 그런데 "천국이 이런 사람의 것이니라"(마 19:14)라는 말씀을 인용하면서 어린이들처럼 순진한 마음을 가져야 하나님 나라에 들어갈 수 있다고 말할 때에는 고개를 갸우뚱거릴 수밖에 없습니다. 예수님께서 어린아이들이 죄 없다고 말씀하신 것이 아니기 때문입니다.

어린아이를 본받자고 말하는 것은 어린이를 숭배하는 것과 다를 바가 없습니다. 우리 기독교회가 또 다른 성인을 만든다고나 할까요? 유아는 죄가 없고 천사와 같다고 생각하는 것은 너무나 잘못된 것입니다. 요즘 어린아이들이 얼마나 영악한데요. 부모가 유아세례를 통해 고백해야 하는 것이 바로 자기 자녀가 죄인이라는 사실입니다. 유아에게도 그리스도의 보혈의 공로가 필요하기에 세례를 받게 한다는 것을 고백합니다. 그런데 어린이 주일에 아이들을 찬양(?)하다니요.

예수님께서 하나님 나라가 어린이의 것이라고 말씀하신 이유가 무엇일까요? 하나님 나라를 어린아이처럼 받들지 않는 자는 결단코 들어갈 수 없다고 말씀하신 이유가 무엇일까요? 그것은 어린아이들의 순진함을 말하는 것이 아니라 어린아이처럼 부모에게 의존할 수밖에 없는 처지를 가리킵니다. 전적으로 수용할 수밖에 없는 어린아이의 입장을 가리킵니다. 그렇다면 성인이 되어서 세례 받는다고 하더라도 어린아이로서 세례 받는 것입니다. 모든 세례는 유아세례(?)라고 말할 수 있습니다.

어버이 주일을 통해서 우리가 듣는 설교는 십계명의 제5계명에 대한 해설입니다. '네 부모를 공경하라'는 계명 말입니다. 부모를 공경하면 장수하는 복을 받는다는 말씀을 듣습니다. 효도하는 자녀가 장수할까요? 그렇지 않은 경우도 많을 것입니다. 부모를 공경해야 한다고 설교할 때도 그것이 천륜이기 때문이 아니라 하나님께서 주신 질서, 즉 모든 권위자들에게 순종해야 하기 때문이라고 가르쳐야 합니다. 그것이 우리 사회를 가장 안정되고, 복되게 할 수 있는 길임을 가르쳐야 합니다.

어린이 주일과 어버이 주일의 유익을 말하는 이들이 많을 것입니다. 하지만 모든 주일은 말 그대로 주님의 날입니다. 그리고 매 주일마다 어린이와 어버이를 고려하는 방법을 생각해 봅시다. 세대별로 잘게 나누어 예배하는 것을 세대 통합 예배로 바꾸어 갈 필요가 있습니다. 예배 때 십계명을 낭독하면 주일마다 '네 부모를 공경하라'는 말씀을 들을 수 있습니다. 이렇게 한다면 특정한 주일에만 어린이와 어버이를 생각하는 것보다 훨씬 더 효과적이고 교회가 큰 가정임을 경험하게 될 것입니다.

2
<u>편한 복장으로
예배 인도해도 됩니까?</u>

폭염이 계속되다 보니 주일에 어떤 복장을 하고 가야할지 난감합니다. 굳이 정장을 하고 가야 합니까? 사실, 이런 말하기 미안한데, 한 여름에도 예배인도하는 목사께서는 정장을 해야 해서 너무 힘들어 보이기 때문입니다. 나라에서는 여름에 냉방기를 덜 틀기 위해서 대통령을 포함한 고위 공무원들이 편한 복장으로 회의하는 것을 권장하는데요. 그렇다면 예배 때 편한 복장을 해도 되지 않을까요? 예배라고 해서 굳이 정장을 해야만 하는 것은 아니지 않을까요? 물론 청년들의 복장이나 신발을 보면 민망할 때가 종종 있지만 말입니다.

복장이 그 사람의 신분을 나타내던 시대는 지났습니다. 그럼에도 불구하고 복장이 중요하지요. 어떤 자리나 모임에 걸맞는 옷을 입고 가는 것은 예의요, 상식입니다. 뭘 그런 사소한 것을 가지고 따지냐고 하면 할 말이 없긴 하지만 말입니다. 이것은 예배당이 성전이기에 화려하게 지어야 하고, 예배가 하나님께 드리는 것이기에 어떤 공연보다 수준이 높아야 하고, 헌금도 제일 많이 해야 한다는 주장과는 다른 차원의 이야기입니다. 예배는 하나님과의 교제요, 서로 덕을 세우는 것이기에 우리의 태도를 살피는 것은 당연합니다. 그중에 하나가 바로 우리의 복장입니다.

문제는 날씨입니다. 요즘같이 폭염이 계속되는 여름철에는 교인들이 되도록 간편한 복장을 하고 싶어 합니다. 반팔 상의는 기본입니다. 굳이 어린이들과 청년들이 아니더라도 반바지를 입는 경우도 많습니다. 슬리 퍼를 신고 예배에 참석하는 경우도 있고요. 이런 복장이 다른 이들의 눈 쌀을 찌푸리게 만들기도 합니다. 성경에는 여자가 옷을 단정하게 입어 야 하고, 귀금속으로 단장하는 것을 피하라는 말씀(딤전 2:9) 외에 특별한 가르침이 없습니다. 이 말씀에 근거하여 공예배 복장 기준을 마련하는 것이 나쁘지 않을 것입니다.

유럽에서는 대체로 복장에 신경을 많이 씁니다. 유럽의 개혁 교회 신 자들은 우리보다 훨씬 보수적인데요. 그들은 주일에 입는 복장에 무척 이나 신경을 씁니다. 다른 사람들이 어떻게 볼까를 생각해서가 아니라 하나님께 예배하기 때문입니다. 그들은 주일을 위한 옷을 따로 갖추어 놓기도 합니다. 예배 시간이 가까워 오면서 허겁지겁 아무 옷이나 그냥 걸치고 가지 않습니다. 토요일부터 옷을 미리 준비해 놓습니다. 아이들 도 주일에 입을 복장이 따로 있습니다. 부모는 자녀에게 주일에만 특별 한 간식을 주기도 합니다. 아이들은 부모의 태도를 통해 '주일이 귀한 날 이구나, 주일이 제일 좋은 날이구나' 하는 인상을 받습니다. 가족 단위 로 단정하게 옷을 차려입고 집을 나서는 모습을 보면 예배하러 간다는 것을 금방 알 수 있습니다.

지적하셨듯이 여성의 옷차림만 문제가 되는 것은 아니겠지만 속이 훤히 비치는 옷을 입는 것 때문에 시험(?)드는 경우가 있습니다. 요즘에 는 예배당 내부를 층층이 상승하는 공연장처럼 꾸며 놓는 경우가 있기 에 아래쪽에서 위를 볼 때 치마 안이 훤히 들여다 보인다면 얼마나 민망 하겠습니까? 어떤 청년 수련회에 참석했더니 이 복장 문제를 질문하더 군요. 민망하면 안 보면 되지 왜 교회에서는 복장마저 단속하려고 하냐 는 질문이었습니다. 그렇습니다. 보는 사람의 시선이 문제지요. 하지만 신자는 자신만 생각하는 것이 아니라 상대방을 생각하는 것이 기본입니다. 우리 가운데 연약한 신자가 있음을 고려해야 합니다. 아니, 눈요기 거리를 찾는 사람이 있음을 생각해야 합니다.

예배를 인도하는 목사의 복장은 어떠해야 할까요? 공예배 인도자는 어떤 경우에도 양복과 넥타이를 착용해야 한다고 주장하는 분들이 여전히 있을 것입니다. 한여름 두 달 정도는 양복에 넥타이가 아니라 반팔 상의를 입어도 되지 않을까요? 그것은 개교회 당회에서 논의하면 될 일이라고 봅니다. 소위 말하는 열린 예배를 지향하면서 예배 인도자가 청바지에 티셔츠를 걸치는 것을 선호하는 경우도 있습니다. 거꾸로 갈 수도 있습니다. 한복은 어떻습니까? 한복을 입고 예배 인도할 수 있지 않을까요? 한복이 너무 거추장스럽다면 편하게 입을 수 있는 개량 한복이 나오니 말입니다. 설이나 추석이 가까운 주일에 이렇게 한복을 입고 예배를 인도하는 분들이 있는데, 괜찮아 보입니다. 교인들이 목사의 복장에 관해 왈가왈부하는 경우가 많기에 그런 사소한(?) 것으로 말썽이 나지 않도록 서로의 생각을 나누고 신경을 쓰는 것이 필요합니다.

3
<u>십자가 사인이</u>
<u>왜 문제가 됩니까?</u>

교회하면 가장 먼저 십자가를 떠올리는데요. 교회 첨탑 꼭대기에도 항상 십자가가 있고요. 한국 도시들의 밤은 십자가 네온사인으로 가득 차 있기도 하고요. 그런데 어떤 교단에서 예배당 안에 있는 십자가를 제거하기로 결정했다고 하는데요. 십자가를 미신적으로 사용할 수 있기 때문이라나요? 얼마나 근본주의적인 생각인지 우습기만 합니다. 이런 식으로 상징이나 사인을 제거하면 예배당에 남아 있는 것이 무엇일까요? 저는 우리 개신교인들이 식사기도하느라고 머리를 잠시 숙이고 그것을 부끄러워하는 것보다는 로마 교회 교인들처럼 정갈하게 십자 성호를 긋는 것이 더 좋아 보이는데요.

그렇습니다. 십자가가 교회의 상징이 되었습니다. 십자가가 교회의 상징이 되었다는 것이 참 의미심장합니다. 십자가는 예수님 당시에도 그랬지만 가장 큰 죄인에게 지우는 가장 수치스러운 극형이 아니었습니까? 로마를 대항하다가 십자가를 진다는 것이 유대 혁명가들에게는 자랑이었을지 모르겠습니다. 하지만 유대인들에게 메시아가 십자가에 매달려 있다는 것은 추문일 수밖에 없었습니다. 이런 스캔들일 수밖에 없는 십자가가 교회의 상징이 되었습니다. 요즘에는 이런 십자가를 목걸이로 만들어서 걸고 다니는 것이 전혀 이상하게 보이지 않습니다. 십자가가 하나의 패션이 되었으니 격세지감을 느끼지 않을 수 없습니다.

교회사를 보면 사실 십자가 사인이 여러 가지입니다. 십자가의 네 끝을 꽃봉오리처럼 만들어 각각이 삼위일체를 상징하도록 표현하기도 하고, 십자가 주위에 원을 그려 넣는 켈틱십자가도 있습니다. 로마 교회에는 그리스도라는 헬라어의 첫 두 글자를 결합한 십자가(☧)와 십자가의 가로대가 세 개인 로마 교황 전용 십자가도 있습니다. 동방 교회에는 가로대와 세로대가 똑같은 길이의 그리스 십자가, 타우 십자가(T), 그리고 세 번째 가로대가 어긋놓여진 십자가(☦)도 있습니다.

교회가 십자가 사인을 사용한 것은 오래되었습니다. 2세기 말에 활동했던 북아프리카 출신 교부 테르툴리아누스는 다음과 같이 말했습니다. "매 순간, 우리가 앞으로 나아가는 발자국마다, 들어가고 나가는 모든 움직임, 옷을 입거나, 신발을 신을 때, 목욕을 할 때나, 테이블에 앉을 때, 촛불을 켤 때, 의자에 앉을 때, 일상의 모든 작고 평범한 행위 안에서, 우리는 이마에 표시를 남긴다." 이렇듯 고대 교회에서는 하루 전체를 거룩하게 하는 길로서 십자 성호를 그었음을 알 수 있습니다.

로마 교회와 동방 교회는 십자 성호 긋는 것을 경건의 중요한 요소라고 생각합니다. 그들은 모든 기도를 시작하고 끝낼 때 십자 성호를 긋습니다. 식사 전에도 긋고, 성당에 들어갈 때에도, 미사 후에도 십자 성호를 긋습니다. 처음에는 오른 엄지손가락을 이마에 대었다가 가슴으로 내리고 그 다음에는 양쪽 어깨에 긋습니다. 이렇게 이마, 가슴, 양쪽 어깨 순으로 십자 성호를 긋는 것은 그 순서대로 성부, 성자, 성령을 고백하는 삼위일체 신앙에 대한 분명한 표현입니다. 고대 교회에서는 처음에 이마에 오른 엄지손가락만을 그었지만 아리우스 논쟁을 거치면서 삼위일체 신앙을 강화하기 위해 삼위일체를 표명하는 십자 성호 긋기가 자리 잡습니다.

개인 경건 생활에서 중요한 자리를 차지하던 십자 성호 긋기는 점차로 교회 예식에 동원됩니다. 8세기에 들어서면서 제단에도 십자가를 새기기 시작합니다. 그리고 성물을 봉헌할 때에 기름을 가지고 그것들에다가도 십자가를 그었습니다. 교회 예식에 동원된 이런 십자 성호 긋기는 그 자체로 은혜를 제공하는 것으로 이해되어졌습니다. 예를 들어 성품성사나 병자성사를 행할 때 주교가 십자 성호를 그으면 그것 자체가 그 사람을 거룩하게 하고, 그 사람에게 성령의 치유 능력을 제공한다고 생각했습니다. 십자 성호가 미신적으로 자리 잡아 간 것입니다.

십자가가 미신적으로 사용될 수 있으니 십자가를 아예 제거하는 것이 좋을까요? 우리는 하나님을 예배하는 공간에서, 그리고 우리의 신앙생활에 수많은 상징을 가질 수밖에 없습니다. 하나의 사인이 제거된 곳에는 다른 사인이 자리 잡을 것입니다. 십자가를 통해 주님께서 하신 일을 묵상하는 것은 잘못된 것이 아닙니다. 우리가 잘 알고 있듯이 십자가는 기본적으로 가로대와 세로대로 이루어져 있습니다. 가로대는 사람과 사람 사이, 더 나아가 모든 만물의 연결을 가리키고, 세로대는 하늘과 땅의 연결을 가리킵니다. 이런 사인은 예수님께서 십자가로 하나님과 사람 사이, 사람과 온 만물 사이의 평화를 이루셨음을 분명하게 보여 주지 않습니까? 얼마나 의미심장한 사인입니까? 이렇게 의미심장한 십자가를 내버린다면 얼마나 큰 손해겠습니까?

4
개신교 예배에는
말이 너무 많습니다

로마 교회의 미사에 비해 개신교 예배에는 말이 너무 많습니다. 이미 주보에 순서가 다 나와 있는데 그 순서를 일일이 설명하는 것은 쓸데없는 사족이 아닐까요? 이것은 마치 MSG로 뒤범벅된 요리를 만드는 것과 같지 않습니까? 설교만 하더라도 말투성이인데 말입니다. 자연스럽게 물 흐르듯이 흘러가는 예배, 그래서 마음 깊이 울림을 주는 예배가 좋지 않겠습니까? 게다가 교회에서 음향 시스템을 제대로 갖춘 경우를 거의 보지 못했습니다. 귀가 너무 따갑고, 웅웅거려 알아듣기도 힘들 지경입니다. 현대인들이 침묵을 견디지 못하기는 하지만 그렇다고 해서 침묵과 여백이 아예 없는 예배는 문제가 많아 보입니다.

예배 집례자의 말이 너무 많다고 했지요? 그럴지도 모르겠습니다. 대부분의 교회에 주보가 있고, 그 주보에 예배 순서가 나와 있는데도 불구하고 일일이 예배 순서를 알려 주니까요. 심지어 프로젝트로 화면을 쏘아서 예배 순서를 일일이 다 소개함에도 불구하고 그 순서를 재차 말합니다. '찬송 몇 장 하겠습니다'를 포함하여 그 찬송의 배경을 말하는 경우도 있고, 열심히 찬양하자는 사족을 달기도 합니다. 누가 기도하는지 다 알고 있는데 'OOO 장로님이 우리를 대표하여 기도하겠습니다'라는 말이며, 모두가 마음을 모아서 기도하자고 격려하기도 합니다.

로마 교회는 사제가 아닌 신자 중에서 '미사 해설자'를 따로 세웁니다. 로마 교회의 미사는 보는 예배이기에, 더 나아가 미사 시에 신자가 이런저런 행동을 해야 하기에 해설자가 필요합니다. '로마 미사 경본 총지침'에 따르면 해설자는 '필요에 따라 짧게 해설과 권고를 하여 신자들이 전례에 능동적으로 참여하도록 이끌어 주며, 거행의 내용을 잘 이해하도록 도와주는 역할'을 합니다. 로마 교회는 제단만이 아니라 독서를 위한 독서대, 그리고 미사 해설자를 위한 해설대를 따로 설치합니다. 로마 교회에서는 분업(?)이 잘 이루어져 있는 셈입니다.

　로마 교회의 미사는 복잡해서 따라가기 힘든 것이 사실입니다. 이에 반해 우리 개신교회는 예배를 단순화시켜서 누구든지 예배를 통해 유익을 얻도록 했습니다. 우리 개신교회에서는 예배 해설자가 따로 필요하지 않습니다. 예배가 단순하기 때문입니다. 누구나 쉽게 예배 순서를 이해할 수 있기 때문입니다. 그럼에도 불구하고 예배 순서에 대한 해설을 해야 한다고 느낀다면 평상시에 예배를 제대로 가르치지 않았기 때문일 것입니다. 아니면, 예배 순서가 일목요연하지 않고 중구난방이며, 예배의 일관된 흐름, 즉 기승전결이 없기 때문일 것입니다.

　개신교회의 예배 때는 예배 집례자인 목사 한 사람이 모든 것을 인도합니다. 목사는 자신의 말발(?)로 예배를 인도하려고 애쓰지 않아도 됩니다. 집례자는 말을 많이 하지 않으면서 예배가 물 흐르듯이 흘러가도록 해야 합니다. 지적하셨듯이 조금도 쉴 틈이 없도록 말로 다 채울 것이 아니라 여백을 만들어야 합니다. 예를 들어 설교에도 여백이 필요하고, 설교 후에도 5초 정도 침묵의 시간을 가지는 것도 필요할 것입니다. 침묵이 더 많은 말을 할 때가 있으니까요.

　개신교인들은 귀가 좋아야 합니다. 개신교회의 예배는 보는 것보다는 듣는 것으로 주로 이루어져 있기 때문입니다. 그런데 말이 너무 많으면 귀가 피곤해집니다. 지적하셨듯이 예배당의 음향 시스템이 너무 시끄러운 경우가 많습니다. 찬송을 할 때도 여러 가지 악기를 동원하는 등 데시벨을 너무 높입니다. 귀가 멍멍합니다. 방송에서도 이것을 확인할 수 있습니다. 기독교 방송, 천주교 방송, 불교 방송의 데시벨이 너무나 차이가 납니다. 예배가 사람의 마음을 흥분시키는 것을 목적해서는 안 되는데 말입니다.

작금에 개신교회의 예배는 떠들썩함을 넘어 공연이 되어 가고 있습니다. 이제는 말만 가지고는 안된다고 생각하기에 화려한 볼거리를 만들기 시작했습니다. 잔소리와 위협을 넘어 눈요기로 승부를 보려고 합니다. 그만큼 절박하기 때문이라면 왜 듣지 않느냐고 불평하지 말고 이제는 말씀이 보이도록 해 주어야 할 것입니다. 하나님께서 이미 시각적인 요소를 허락하셨습니다. 성례가 그것입니다. 성찬식만 자주 행해도 우리는 말씀을 볼 수 있습니다. 성찬이 말씀을 보여 줄 뿐만 아니라 맛보게도 해 줍니다. 성찬식이 말 많은 예배에서 균형을 잡아 줄 것입니다.

5
공예배가 아닌데
축도를 해도 됩니까?

요즘 공예배의 중요성을 조금씩 알아가고 있는데요. 공예배 마지막 순서가 축도 아닙니까? 이게 기도가 아니라 복의 선언이라는 것도 배웠는데요. 이 복의 선언은 그냥 단순한 복의 선언이 아니라 하나님의 백성들을 향한 복의 선언이고, 그래서 공예배 때만 하는 것으로 알고 있는데요. 한국 교회에서는 어떤 모임에서든지, 심지어 결혼식, 장례식 등에서도 축도를 하는데요. 신자만이 아니라 불신자가 많이 있는 곳에서 축도를 한다는 것이 옳지 않다는 생각이 듭니다. 공예배가 아닌 기도회나 경건 모임에서는 축도를 하지 않는 것이 좋을 듯 한데요.

축도의 중요성을 지적해 주셨네요. 맞습니다. 예배의 마지막 순서인 축도는 우리말로는 '축복하는 기도'인데요. 축복을 기원한다는 의미를 담고 있습니다. 그런데 예배의 마지막 순서는 목사의 경건한 기도나 간구가 아니라 하나님께서 목사를 통해 하시는 복의 선언입니다. 그래서 '강복선언'이라고 부르는 것이 좋겠습니다. 기도보다 더 나은 것이 복 선언입니다. 예배는 축복을 구하는 경건한 기도로 마치는 것이 아니라 하나님께서 복을 선언해 주심으로 마칩니다.

축도 문구로 주로 사용되는 것이 고린도후서 13장 13절 말씀입니다. 이 말씀은 고린도교회를 향해 복을 선언한 내용입니다. 그리고 구약성경에서 등장하는 대표적인 복 선언은 민수기 6장 24-26절인데, 대제사장 아론과 그의 자손들이 하나님의 백성을 위해 복을 선언한 것입니다. 이렇듯 강복선언 문구는 하나님을 예배하는 자리에서 하나님의 백성 전체를 향해 선포하는 내용입니다. 이 문구들을 불신자들을 향해서는 선포할 수 없습니다. 오직 하나님의 백성들, 그리고 예배하는 하나님의 백성들을 향해 선포해야 합니다.

한국 교인들은 어떤 경건의 모임이든지 그 끝 순서가 축도로 마쳐지기를 바랍니다. 강복선언임에도 목사가 복을 빌어 주기를 바랍니다. 목사도 이런 무언의 압박을 받기에, 또한 그 모임을 마칠 마땅한 순서를 찾기 쉽지 않기 때문에 축도를 합니다. 이런 축도, 아니 강복선언은 공예배를 위해 아껴 두면 좋겠습니다. 축도는 기도가 아니라 하나님의 백성 전체를 향해 복을 선언하는 것입니다. 축도라는 순서는 하나님의 백성들 전체가 주님의 거룩한 몸을 이루어 하나님을 예배하는 곳에 자리 잡는 것이 합당합니다. 그것도 끝 순서로 말입니다.

공예배와 기도회를 포함한 기타 경건의 모임을 구분하는 것이 필요합니다. 우리는 많은 경우 신앙을 개인적인 것으로 생각하기에 공예배를 대수롭지 않게 생각하곤 합니다. 그렇지 않습니다. 어떤 개인의 경건 활동이나 몇몇 이들의 경건 모임이라고 할지라도 직분자의 인도하에 은혜의 방편(말씀과 성례)이 베풀어지는 예배를 대체할 수 없습니다. 우리는 하나님을 공적으로 만나는 것을 가장 귀하게 생각해야 합니다. 사적으로 체험한 하나님은 어떤 하나님인지 알 수 없습니다. 나의 하나님을 넘어 우리의 하나님이어야 합니다.

아무 모임에서나 성찬식을 행하면 안 되듯이 강복선언도 사용을 제한하는 것이 좋겠습니다. 자주 사용하면 그 의미가 퇴색될 것이 분명합니다. 그렇다면 언급하신 신자의 결혼식이나 장례식에서 강복선언을 하지 않아야 한다는 말일까요? 강복선언을 하지 않는다면 어떤 순서로 그 예식들을 마치면 좋을까요? 이런 예식은 성례가 아니기에 강복선언을 하지 않아도 됩니다. 물론 장례식과 결혼식의 차이가 있습니다. 개혁 교회에서는 장례를 가족의 일이라고 보지만 결혼은 달리 봅니다. 신자의 결혼식은 그 개인이나 가족의 일 정도가 아니라 교회적인 일이요, 그래서 예배 형식을 취해서 예식으로 진행합니다. 이 결혼식에서는 강복선언이 아니라도 기원이나 기도가 많으면 좋겠습니다.

개혁 교회 결혼식 예식문에서는 다음과 같이 마지막 기도를 합니다. "모든 자비의 아버지, 은혜 가운데서 그대들을 이 거룩한 결혼의 상태에 들어가게 하여 주신 하나님께서 그대들을 진실한 사랑과 실실함으로 묶어 주시고 풍성한 복을 내려 주시고, 모든 경건과 사랑과 연합 가운데서 두 사람이 함께 거룩한 삶을 오래 누리게 하여 주시기를 원합니다. 아멘!" 이렇게 복을 내려 주십사 구하는 기도와 기원은 눈을 뜨고 할 수도 있습니다. 기도할 때 항상 눈을 감아야 하는 것은 아니기 때문입니다.

6
주일 오후 예배 출석이
세례의 조건이 될 수 있습니까?

세례 받는데 무슨 조건이 필요한가요? 주일 오후 예배 출석을 조건으로 내거는 것을 보아서 이런 질문을 합니다. 세례는 예수님을 믿겠다는 고백만으로 받을 수 있는 것 아닙니까? 자신이 죄인임을 고백하는 것으로 충분하지 않습니까? 주일 오후 예배 출석, 헌금, 전도 등을 세례의 조건으로 제시하는 것이 합당한가요? 군대에서 급하게 세례 받는 '진중세례식'과 같은 것을 옹호하는 것이 아닙니다. 세례에 이런저런 조건을 다는 것은 은혜로 인한 구원을 행위 구원으로 바꾸려는 것이 아닐까요?

한국 교회에 학습이라는 제도가 있는데 이것은 성례가 아닙니다. 세례만이 성례입니다. 세례가 성례라면 우리는 신중하게 접근해야 합니다. 세례를 함부로 주어서는 안 된다는 뜻입니다. 한국 교회는 세례를 너무나 쉽게 주는 경향을 보입니다. 1년에 두 차례 정도 세례 받는 주일을 정해 놓고 1달 전에 세례 받을 사람은 신청하라고 합니다. 그 기간 동안 몇 번의 교육을 거쳐서 세례를 줍니다. 당회가 세례 문답을 하지 않는 경우도 많습니다. 담당 교역자가 모든 것을 결정하고는 세례 대상자로 올립니다.

진중세례식을 언급하셨는데요. 군대에서 기독교, 천주교, 불교가 서로 신자를 많이 확보하기 위해 애를 씁니다. 신병들이 교육대에서 훈련

받는 6주 동안 자기 종파의 신자를 만들기 위해 애를 씁니다. 불교에서는 수계를 주는데, 손목에 뜸을 뜨는 것입니다. 그리고 묵주를 선물로 줍니다. 자신의 살에 어떤 흔적이 새겨지고, 특정한 성물을 갖게 되니 좋아라 합니다. 위험한(?) 군생활 동안 부적처럼 가지고 다닐 수 있으니 좋아라 합니다. 세례는 어떤 흔적도 남지 않습니다. 머리에 찍어 바르는 물은 말라 없어져 버리니 말입니다. 그래서 철제 십자가를 하나씩 선물해서 군번줄에 달게 하는 것으로 대신합니다.

세례 받는 데에 무슨 조건이 있느냐고 물으셨는데요. 교회 정치 제25장 '교인의 의무'에 따르면 공예배 출석, 헌금, 전도, 봉사를 언급하고 있는데 세례 받을 자는 이것들을 자신의 의무로 받아야 할 것입니다. 그 모든 의무는 그리스도와의 연합의 관점에서 당연히 따라와야 할 것들입니다. 주일 오후 예배출석을 등한시하면서 세례 받겠다고 하는 것은 바람직하지 않습니다. 세례는 주님과 온전히 합하는 성례입니다. 자신이 너무나 큰 죄인이며, 삼위 하나님께 모든 소망을 두겠다고 고백하는 것이 기본이고 말입니다.

세례는 아무리 강조해도 지나치지 않습니다. 모든 신자는 세례로 태어납니다. 우리는 부활하신 예수님께서 제자들에게 당부하신 말씀을 주목해야 합니다. 아버지와 아들과 성령의 이름으로 세례를 베풀어 모든 족속을 제자로 삼으라고 하신 말씀 말입니다(마 28:19, 20). 삼위 하나님의 모든 은혜와 은덕을 다 받아 누릴 수 있는 세례이니 이것 하나만 있어도 되지 않겠습니까? 작금의 한국 교회 문제는 세례의 문제라고도 말할 수 있습니다. 교회가 세례만 제대로 주면 됩니다. 신자의 문제는 세례의 문제이기 때문입니다.

고대 교회의 예를 들어 보겠습니다. 세례 예비자로 등록하려는 이는 먼저 합당하지 않은 직업을 떠나야 했습니다. 신화를 가르쳐야 하는 교사, 사람을 죽여야 하는 검투사 등입니다. 세례 예비자로 등록한 후에는 최소한 2년 동안 교육을 받습니다. 신자다운 삶을 살고 있다는 증거도 보여야 했습니다. 노예의 경우에는 주인에게 세례 받아도 된다는 허락을 받아 와야 했습니다. 이 모든 것을 최종 확인한 후에 세례를 주었습니다. 세례 받는 것이 너무나 어려웠다는 말입니다. 이것은 율법주의가 아니라 세례가 그만큼 중요하다는 것을 알았기 때문에 취한 방식입니다.

신자는 세례를 잘 활용해야 합니다. 세례는 하나의 형식에 불과한 것이 아니라 그것으로 평생 유익을 얻으며 살아가는 성례이기 때문입니다. 세례를 제대로 활용하면 신자가 당면한 대부분의 문제가 해결됩니다. 독일의 종교개혁자 마르틴 루터가 마귀의 공격을 받을 때마다 '나는 세례 받았다'라고 외침으로 그 모든 고소를 극복했다는 것은 잘 알려진 사실입니다. 세례는 자신의 구원을 확신할 수 있는 분명한 근거가 된다는 사실입니다. 세례는 몇 가지 조건을 충족시키는 문제가 아니라 우리의 전 삶이 걸린 문제입니다.

7
축도 문구가
너무 장황합니다

예배 마침 순서가 축도인데요. 목사님들의 축도 문구가 장황할 때가 많습니다. 고린도후서 13장 13절 말씀이 축도 문구인데, 그 문구에다가 이것저것을 잔뜩 첨가시키는 것 말입니다. 특히, 성령의 역사에 다양한 것들을 첨가합니다. 설교를 요약하면서 그 설교 말씀대로 살기를 원하는 자에게 복을 내려 주십사 간구하는 경우도 보았습니다. 축도 문구를 길게 늘이다가 어떻게 마무리해야 할지 몰라서 스스로 당황해하는 경우도 보았고요. 어떤 교회에서는 구약의 말씀인 민수기 6장의 구절을 가지고 축도하는 것도 보았는데요. 그 구절도 축도 문구로 가능합니까?

예배 마침의 순서가 축도인데, 그 축도를 어떻게 하는 것이 좋겠냐고 물으셨네요. 우선, 이 축도가 기도가 아니라 복의 선언, 즉 '강복선언'임을 아는 것이 중요할 텐데요. 이 마지막 순서는 목사가 교인들을 위해 경건하게 복을 달라고 하나님께 비는 시간이 아닙니다. 이 순서는 목사가 하나님을 대신하여 회중을 향해 하나님의 복을 선포하는 시간입니다. 쉽게 말하자면, 이 순서에서 목사는 교인의 입이 되는 것이 아니라 하나님의 입이 됩니다.

교회 역사를 보면 강복선언이 항상 예배 마침 순서였던 것은 아닙니다. 고대 교회에서는 성찬식 전에 이 강복선언이 있었습니다. 회중에게 떡과 잔을 나누어 주기 전에 사제가 강복선언을 했습니다. 이 강복선언은 회중을 격려하여 성찬에 참여할 준비를 시키는 것이었다고 보면 되겠습니다. 미사 중에 복음서를 낭송하는 집사나 죄를 고백하는 신자를 향해 복을 선포하기도 했습니다. 중세 후기에는 미사가 끝날 때에 사제가 강복선언을 했습니다. 이때 사용한 문구가 민수기 6장 24-26절입니다. 대제사장 아론이 하나님의 백성들을 향해 축복한 문구 말입니다.

로마 교회가 대제사장 아론의 축복 문구를 선호한 이유가 있습니다. 주교는 교구민들의 목자로서 그들이 미사를 마치고 나갈 때 그들을 축복하기를 원했기 때문입니다. 주교가 양 떼를 치는 지팡이를 가지고 다니는 것도 이런 이유입니다. 대부분의 종교개혁자들은 이 민수기 구절을 예배마지막 순서인 강복선언에 사용했습니다. 종교개혁은 이전 교회 역사와의 완전한 단절이 아니라 연속성을 가졌음을 보여 줍니다. 우리도 이 민수기 구절을 강복선언 문구로 사용할 수 있습니다. 오전에 이 구약 말씀을 사용하고, 오후에 신약의 말씀을 사용하면 신구약이 연속적이며 하나님의 한 말씀임을 보여 주게 될 것입니다.

언급하셨듯이 한국 교회가 흔히 사용하고 있는 축도 문구는 고린도후서 13장 13절 말씀입니다. '주 예수 그리스도의 은혜와 하나님의 사랑과 성령의 교통하심이 너희 무리와 함께 있을지어다'라는 구절 말입니다. 예수 그리스도께서 행하신 모든 것을 은혜라는 한마디로 요약하고, 하나님께서 행하신 모든 것을 사랑으로 요약하고, 성령께서 하시는 모든 것을 교통, 교제로 요약합니다. 여기에 놀라운 신학이 담겨 있습니다. 그리스도, 하나님, 성령의 순서는 믿는 우리를 위한 순서입니다. 은혜는 오직 그리스도를 통해서 오고, 하나님께서는 사랑으로 든든한 배경이 되어 주시고, 성령께서는 적극적으로 교통을 이루신다는 것이 복의 핵심입니다.

저는 이 문구를 있는 그대로 선포하는 것이 좋겠다고 생각합니다. 여기에 더할 것이 없습니다. 목사가 회중을 위해 축복해 주기를 간절히 원해서 이런저런 내용을 첨가한다는 것을 모르지 않습니다. 그런데 아무리 짧아도 삼위 하나님의 모든 복을 한 단어씩으로 표현하고 있는 이 문구를 있는 그대로 담백하게 선포하는 것이 좋겠습니다. 물론 은혜, 사랑, 교통의 의미를 잘 가르쳐야 이 복 선언이 예배의 종합일 뿐만 아니라 예배의 절정이 될 것입니다.

강복선언 시에 설교한 내용을 요약하고, 그 말씀대로 살려고 하는 이들에게 복을 내려 달라고 언급하는 것을 지적했는데요. 강복선언에 조건을 붙이는 것은 좋지 않다고 생각합니다. 사도는 삼위 하나님의 복을 받을 대상을 '너희 무리'라고 말했습니다. 우리가 잘 알고 있듯이 고린도교회는 문제가 매우 많았던 교회 중 하나입니다. 사도는 그런 교회, 그런 교인 전체를 향해 삼위 하나님의 복을 선포하고 있습니다. 물론, 이 복은 자동적으로 임하는 것이 아니라 믿는 이들에게 현실화됩니다. 그리고 이 복은 너희 무리, 즉 성도를 향한 것이기에 어떤 건물이나 무생물이나 심지어 불신자들을 향해서 선포하는 것은 합당치 않습니다.

8
예배 때 사도신경을
꼭 고백해야 합니까?

한국 교회에서는 예배 때 사도신경을 고백하지 않는 경우가 거의 없을 텐데요. 주일의 공예배가 아닌 다른 경건회와 기도회 때에도 사도신경을 고백하는 경우가 많습니다. 사도신경은 우리 기독교회의 상징처럼 되었습니다. 그런데 사도신경은 성경에 없는 것이기 때문에 예배에서는 사용하지 말아야 한다고 주장하는 이들이 있습니다. '오직 성경'을 주장하면서 하는 말인데요. 정말 그런가요? 예배 때는 성경에 없는 것은 하지 말아야 하나요? 반대로, 사도신경 대신에 다른 고백을 하는 경우도 있고, 심지어 개교회에서 만든 고백을 읽는 경우도 있는데요. 이렇게 해도 되는가요?

먼저 '오직 성경'에 대한 오해를 지적해야 하겠네요. '오직 성경'은 성경을 문자적으로 받아들이라는 뜻이 아닙니다. 우리는 구약을 문자적으로 지킬 수 없습니다. 아니, 문자적으로 지켜서는 안 됩니다. 그 모든 말씀은 그리스도를 통해 성취되었습니다. 그러므로 구약성경을 문자적으로 지키려고 하는 것은 그리스도를 받아들이지 않는 것과 다르지 않습니다. 성경을 하나님의 말씀이라고 믿고 말씀 그대로 지켜야 한다고 주장한다 할지라도 문자주의는 우리가 성경을 합당하게 대하는 태도가 아닙니다. 그것은 유대교로 돌아가고자 하는 것과 같습니다.

　사도신경이 성경에 없기 때문에 예배 때 고백해서는 안 된다는 것은 문자주의에 사로잡힌 결과입니다. 우스개 같은 이야기지만 성경에는 예배 순서를 어떻게 짜라는 것이 없습니다. 성경에 예배 순서가 없다고 우리가 예배 순서를 정하지 않고 예배할 것입니까? 사도신경은 성경에 문자적으로 없고, 사도들이 만든 것도 아닙니다. 사실, 사도신경은 공의회를 통해 채택된 것도 아닙니다. 그럼에도 불구하고 사도신경은 삼위일체적 구조를 가지고 있기에 가장 단순하면서도 분명한 고백입니다.

'오직 성경' 때문에 사도신경을 고백하지 않아야 한다는 주장은 지극히 소수입니다. 도리어 대부분의 한국 교인들은 예배에 당연히 사도신경이 있어야 한다고 생각합니다. 흥미롭게도 유럽의 개혁 교회들은 사도신경이 공예배에 꼭 들어가야 한다고 보지 않습니다. 예배 때 사도신경, 십계명, 주기도문이 다 들어가는 것은 너무 많은 요소가 들어가는 것이라고 생각하기 때문입니다. 소화 불량이 된다고 생각하는 것일까요? 그런데 한국 교회에서는 예배의 요소가 많으면 많을수록 좋고, 사도신경도 꼭 들어가야 한다고 생각합니다. 하도 이단이 설쳐 대니까 예배 때 사도신경을 하냐, 하지 않느냐를 가지고 이단을 가르는 기준으로 삼기도 합니다.

예배 때 사도신경 외에 다른 신경을 고백하는 것이 괜찮냐고 물었는데 '니케아 신경'이라는 것이 있습니다. 이 신경은 325년에 동방 교회에서 니케아 공의회를 통해 채택한 신경입니다. 종교개혁한 우리 교회는 서방 교회에 속해 있기 때문에 사도신경만 알지만 사실 니케아 신경을 고백하면 동서방 교회를 아우를 수 있는 장점이 있습니다. 니케아 신경을 고백하면 동방 교회 신자들이 예배에 참석하여 큰 은혜를 받을 것입니다. 두 신경을 번갈아 가면서 고백하면 사도신경에서 고백하고 있듯이 공교회, 즉 보편 교회를 지향하는 것이 됩니다.

개교회에서 고백문을 만들어서 예배 때 사용하는 경우가 있는데 이것을 어떻게 보아야 할까요? 교단별로 고백을 새롭게 만드는 경우도 있을 것입니다. 급변하는 시대 상황을 고백에 반영하기를 원하기 때문이기도 합니다. 절대 그렇게 해서는 안 된다고 말해서는 안 됩니다. 왜냐하면 고백은 새롭게 갱신될 수 있기 때문입니다. 물론 삼위일체적 구조는 바뀔 수 없습니다. 우리가 믿는 하나님은 삼위 하나님이시기에 막연한 하나님 고백은 금물입니다. 무한한 능력의 하나님을 고백하더라도 삼위 하나님에 대한 분명한 고백이 없다면 그런 고백은 차라리 하지 않는 것이 낫습니다.

교회는 고백 공동체요, 예배는 고백 의식입니다. 신경은 성경의 고백적인 요약입니다. 신경은 교회의 정체성입니다. 로마 교회가 우리와 같이 사도신경을 고백하고 있기에 최소한의 일치가 있기는 합니다. 하지만 신경은 삼위 하나님의 역사에 대한 최소한의 고백입니다. 우리는 신앙 고백서와 요리 문답을 통해 우리의 고백을 구체화하고 벼려 나가야 합니다. 우리는 예배에서 신경을 고백하면서 삼위 하나님에 대한 고백과 신뢰를 늘 새롭게 해야 합니다.

2
기도와 찬송

1
대표 기도자를
훈련시켜야 하는 것 아닙니까?

저는 주일 공예배 대표 기도 시간만 되면 불안합니다. 대표 기도자가 무슨 기도를 할지 염려되기 때문이에요. 기도문을 작성하여 기도하는 경우는 그나마 나은데요. 즉석에서 기도하는 분들의 경우에는 우리의 믿음과 고백에 전혀 어울리지 않는 기도를 하는 경우가 흔하고요. 하나님께 간구해야 할 것들이 얼마나 많은데 교회 행사를 광고하듯이 기도하는 경우도 있고요. 회중을 대표하는 기도임에도 개인적인 기도처럼 '나의 하나님, 나의 하나님'이라고 말하는 경우도 많고요. 기도를 시작했는데 마무리를 하지 못해서 뱅뱅 도는 경우도 많고요. 대표 기도자들에게 기도 훈련을 시켜야 하지 않을까요?

공예배에서 대표 기도하는 분들의 기도 훈련을 시키라고요? 그렇습니다. 우리가 기도를 너무 쉽게 생각하는데 사실 기도 훈련이 필요합니다. 개인적으로 기도할 때도 마찬가지지만 공예배 기도를 위해서는 더더욱 훈련이 필요합니다. 공예배 기도는 정말 신중하게 해야 합니다. 자기 개인의 소원을 아뢰는 시간이 아니기 때문입니다. 대표 기도자는 자신이 온 회중을 대표하여 기도한다는 것을 명심해야 합니다. 대표 기도자는 자기 개인의 생각이나 간구를 넘어 공교회적인 간구를 올려 드려야 합니다. 그 기도에 모든 회중이 다 같이 아멘으로 화답할 수 있어야 합니다.

교회 행사와 관련하여 기도하는 것의 문제점을 지적하셨는데요. 기도할 내용들이 너무나 많은데 대표 기도에 왜 교회 행사를 언급하느냐고요. 그렇습니다. 교회 행사를 일일이 언급하면서 광고하듯이 기도해서는 안 될 것입니다. 하지만 교회 행사를 아예 언급해서는 안 된다고 주장하는 것은 너무나 극단적입니다. 교회 행사는 단순한 행사가 아니라 영적인 일이기 때문에 그것에 대해 기도할 수 있습니다. 그 행사에 대해 하나님의 도우심을 구하며 기도할 수 있습니다. 생일이나 입학, 취업 등과 같은 축하와 감사는 하지 않는 것이 좋겠습니다. 굳이 이런 축하와 감사가 필요하다고 생각한다면 일반적으로 표현하는 것이 좋을 것입니다. 그것도 최소화하면서 말입니다. 기도는 하나님을 향한 것이면서 동시에 성도들의 교통을 증진시키는 것이기도 하기에 절대로 해서는 안 된다고 말할 수는 없습니다.

대표 기도에서 전 세계나 국가 그리고 지역 사회에서 벌어진 사건들을 언급하는 것은 더 문제가 됩니다. 이런 일들에 대해 자신의 개인적인 판단이나 정치색을 가지고 기도해서는 안됩니다. 그런 기도를 듣고 시험 받는 사람들이 많을 것이기 때문입니다. 사실, 우리는 사회적인 이슈들에 대한 하나님의 뜻이나 섭리를 잘 알지 못하기도 합니다. 지금은 분명히 하나님의 심판이라고, 아니면 하나님의 함께하심이라고 생각한 것이 다음 순간에는 정반대였음이 드러날 때도 있습니다. 우리의 판단은 항상 잠정적일 수밖에 없습니다. 그런 국가적이고 사회적인 이슈들을 아예 언급하지 않는 것이 나을 수도 있습니다. 굳이 기도해야 하겠다면 이것도 일반적인 방식으로 기도하면서 하나님의 정의와 긍휼을 구해야 하겠습니다. 하나님의 뜻을 밝혀 달라고 구해야 하겠습니다.

공예배에서의 기도는 개인 기도와 다르다는 것을 아는 것이 무엇보다 중요합니다. 기도가 막연한 것이 되지 않기 위해 '나의 하나님, 나의 하나님'이라고 하는지 모르겠지만 대표 기도에서는 그런 표현이 바람직하지 않습니다. 어떤 신자와 관련한 기도임을 금방 연상할 수 있는 기도도 피해야 하겠고요. 심지어 기도 시간이 설교 시간이 되는 경우도 있는데 이것도 조심해야 하겠습니다. 평상시에 교인들에게 하고 싶은 말을 기도로 하는 것은 어떤 일이 있어도 피해야 합니다. 기도는 불만을 토로하는 시간이나 훈계하는 시간이 아닙니다. 공기도는 말 그대로 회중의 필요를 아울러서 그리스도의 이름으로 하나님께 구하는 것이기 때문입니다.

기도문 작성에 관해 언급하셨지요? 한국 교회는 즉흥성을 좋아하기에, 공예배에서의 기도문 작성을 못마땅하게 생각하는 분들이 많습니다. 기도문을 작성하여 기도하는 것은 믿음이 부족하다고 생각하는 경우마저 있습니다. 기도문을 작성하여 기도하는 것은 너무나 형식적인 기도라고 생각합니다. 아무런 준비 없이 즉석에서 길게 기도하는 것이 영적인 표시라고 생각합니다. 그렇지 않습니다. 즉석에서 생각나는 대로 기도하는 것이 문제를 야기하는 경우가 많습니다. 공예배 시에 기도할 때는 무엇보다 준비가 필요합니다. 기도문 작성을 원치 않더라도 기도할 내용을 최소한 정리하는 것이 필요합니다. 더 나아가 그 기도에는 말 그대로 신학이 담겨 있어야 합니다. 기도에 무슨 신학 운운하냐고 말할지 모르겠지만 그렇게 생각해서는 안 됩니다. 신학은 신학자나 목사의 문제만이 아닙니다. 기도는 우리의 간구에 불과한 것이 아니라 하나님께서 우리에게 주신 말씀을 복창하는 것입니다. 하나님께서 당신의 백성들에게 주신 말씀을 하나님께서 그분의 귀로 다시 들으시는 것이 기도입니다. 그런 기도는 하나님께서 외면하실 수 없습니다. 공예배 기도는 목사의 설교 이상으로 하나님의 말씀이 담겨 있어야 합니다.

2
대표(목회) 기도는
3분 이내로 해야 합니까?

지난 주에 대표 기도에 대해 언급하는 것을 보았습니다. 참 많이 공감이 갔습니다. 옛날 어떤 영수님의 기도는 창세기에서 시작하여 요한계시록까지 언급해야 끝나기 때문에 기도 중간에 교인들이 바람 쏘이고 들어오는 경우마저 있었다고 하는데요. 나간 분들이 "나는 엘리야 때 나왔는데 당신은 언제 나왔나?", "나는 사도 바울 때 나왔다"는 농담을 주고받기도 했다는데요. 시골에서는 아직도 대표 기도가 너무 깁니다. 요즘에는 대표 기도 시간을 3분 이내로 하라고 훈련시킨다고 하는데요. 너무 길어지면 안 된다는 것은 알겠는데 3분이면 너무 짧지 않습니까? 하나님께 구해야 할 것이 참 많은데요. 그리고 예배 시의 대표적인 기도는 목회 기도라고 알고 있는데요. 이게 대표 기도와 어떻게 다른가요?

대표 기도의 길이를 질문하셨는데요. 지적하셨듯이 옛날에 영수 같은 분들이 대표 기도할 때 성경을 시작부터 끝까지 훑어 내려갔다는 것은 한국 교회사의 아주 재미있는 이야깃거리이고요. 기도를 거의 설교 시간처럼 생각했다는 증거일 텐데요. 지금도 시골에서는 대표 기도 시간이 너무 길다는 이야기 듣고 있습니다. 반면에 많은 교회들에서 대표 기도 시간이 너무나 짧아졌다는 것도 사실입니다. 3분 이내로 기도하라고 지침을 내린다는 것을 언급하셨는데요. 3분이라는 근거가 어디에서 나왔는지 잘 모르겠습니다. 대표 기도가 무한정 길어질 수 없으니 예배를 주관하는 당회에서 논의해야 할 사항일 것입니다.

문제는 시간도 시간이려니와 무엇을 기도할 것인지입니다. 회중은 대표 기도자 이름만 보면 그분이 할 기도를 외울 수 있을 정도이니까요. 이게 잘못된 것이 아닙니다. 항상 새로운 말, 새로운 표현을 발굴하려고 하는 것이 더 문제인 경우가 많으니까요. 우리가 하나님께 드려야 할 기도의 내용은 정해져 있는 것이 아니겠습니까? 우리의 기도, 특히 공적인 기도는 하나님의 말씀에 근거해야 합니다. 기도는 기본적으로 하나님의 말씀을 복창하는 것입니다. 그렇다고 기도가 성경을 앵무새처럼 반복하는 것이어서는 곤란합니다. 기도는 성경 말씀을 늘 새롭게 번역하는 것이라고 할까요? 그 새로운 번역을 하나님의 귀에 들려 드리는 것이 기도입니다. 설교는 하나님의 말씀을 주님의 백성들에게 선포하는 것이요, 기도는 하나님의 말씀을 주님께 들려 드리는 것입니다. 이래서 말씀이 기도로 이어지고, 기도가 다시 말씀으로 이어져 끊임없이 순환합니다.

사적인 기도뿐만 아니라 대표 기도에 큰 도움을 주는 것이 기도문입니다. 가장 대표적인 기도문이 '주기도문' 아닙니까? 그 외 다양한 기도문들이 있는데 우리 믿음의 선배들이 자기 시대 속에서 어떻게 하나님의 말씀을 신학했는지 보여 주는 산 증거입니다. 고백, 그리고 신학도 기도와 찬양에서 우러나온 것입니다. 기도문이 고백과 신학을 만들었다고 할 수도 있습니다. 서구의 교회들은 성경뿐만 아니라 소위 말하는 찬송집을 가지고 있는데 이 찬송집에는 신앙 고백 문서들이며, 시편 찬송가와 각종 찬송가들, 그리고 각종 기도문들이 실려 있습니다. 우리에게는 이 전통이 자리 잡지 못했지만, 서구 교회에서는 이 기도문 전통이 오래되었을 뿐만 아니라 신자들의 기도 생활을 이끌고 있습니다. 이런 기도문들의 도움을 받는다면 우리의 기도 내용이며 기도 태도가 크게 바뀔 것입니다.

공예배 중의 대표적인 기도가 '목회 기도'입니다. 서양에서는 이런 목회 기도를 목사가 설교 후에 합니다. 한국 교회에서는 목사가 이 목회 기도를 하지 않는 경우가 많습니다. 목사는 예배 시에 설교만 하고, 기도는 장로의 몫이라고 생각합니다. 장로가 설교 전에 하는 대표 기도와 목사가 설교 후에 하는 목회 기도가 다른 것이냐 하는 문제가 생깁니다. 이 두 기도를 굳이 다른 것으로 보지 않아도 됩니다. 장로의 대표 기도는 교인의 대표로서 기도하는 것이고, 목사의 목회 기도는 목회자로서 기도하는 것이라는 구분은 바람직하지 않습니다. 장로는 목사와 더불어 당회, 즉 치리회를 구성합니다. 장로도 목사와 더불어 한 팀이 되어서 목회를 합니다. 목사는 말씀을 선포하고, 장로는 선포된 말씀으로 교인들을 살핍니다. 그러므로 장로도 목사와 마찬가지로 목회 기도를 할 수 있습니다.

예배 시 목사와 장로가 인도하는 기도는 교인을 대표하는 기도이면서 동시에 목회적 차원의 기도입니다. 설교 전 장로의 대표 기도는 설교 후 목사의 목회 기도와 다르지 않습니다. 예배의 흐름상 설교 후에 목회 기도를 하는 것이 자연스럽기는 하겠지만, 한국 교회 전통상 설교 전에 목사와 장로가 돌아가면서 기도를 인도해도 상관없습니다. 이렇듯 목사와 장로는 예배에서 회중에게 기도의 본을 보입니다. 목사와 장로는 개인적으로 열심히 기도하는 본을 보이는 것뿐만 아니라 공예배 시에 교회가 무엇을 구해야 하는지, 그 구하는 것이 다름 아닌 신학임을 보입니다. 신학의 자리는 신학교가 아니라 교회이고, 설교만이 아니라 기도도 신학함입니다. 예배하는 회중이 설교 이상으로 기도를 기다리는 것만큼 복된 것도 없을 것입니다. 기도 시간은 너무 엄격하게 제한하지 않았으면 합니다.

3
성가대라고
부르는 것이 맞나요?

현대 교회 예배에서 성가대의 역할이 무척이나 중요해졌는데요. 성가대의 성가가 없는 예배는 상상하기도 힘듭니다. 목사가 예배를 주도하고, 설교도 예배 시간의 절반을 차지하기에 나머지 순서는 순식간에 지나가는데요. 그나마 성가대의 성가가 숨통을 틔워 준다고 하는 이들이 많습니다. 그런데 저는 성가대라는 말을 들으면 중세 로마 교회가 떠오릅니다. 성가대는 성가대원을 모집하는 것에서부터 시작하여 매주 성가를 불러야 한다는 것 때문에 어려움을 많이 겪겠지만 작은 교회에서는 성가대가 교회의 다른 모든 활동을 잠식하곤 합니다. 개신교회에서 성가대의 역할은 어떠해야 할까요?

예배 때에 성가대의 위치가 중요하다는 것은 누구나 인정하는 부분입니다. 예배 순서 중에 그나마 활력을 불어넣어 주는 것이 바로 성가대의 찬양이라고 말하는 이들이 많습니다. 어떤 교회의 예배 수준은 성가대의 수준이라고 말하기도 합니다. 성가대 없는 예배는 없다고, 성가대에 지원을 많이 해야 한다고 주장하는 분들이 많습니다. 성가대가 잘 준비하여 성가를 하면 회중의 감정을 고양시킬 수 있다는 것이 사실입니다. 유럽에 있을 때 한 고등학생이 농담처럼 하는 말을 들은 적이 있습니다. '오늘 찬양은 설교보다 재미없다.' 설교만큼 지겨운(?) 시간이 없는데 찬양이 설교보다 지겨웠다면 문제가 있지요.

다른 것보다 성가대란 말 자체가 문제라고 하셨는데 일리가 있습니다. 성가대라는 말 자체가 중세 교회를 연상시키기 때문입니다. 중세 교회에서는 예배 때 성직자들이 찬양을 불렀기에 그 찬양은 말 그대로 성가였고, 그 무리는 성가대였습니다. 중세 교회 때는 성가를 배우는 학교들이 이곳저곳에서 생겨났고, 성직자들이 그곳에서 전문적으로 예배 음악을 배웠습니다. 우리가 아는 그레고리안 찬트가 이렇게 성직자들이 조직적으로 부른 성가입니다. 중세 교회는 성가대석을 회중석과 분리시켰고, 회중은 미사 시 성가대의 성가를 구경했습니다. 그 성가는 라틴어로 불렸으니 회중은 무슨 찬송인지 알아듣지를 못하고 구경만 했을 뿐입니다. 이렇듯 중세 교회의 예배 성가는 회중이 같이 부르는 찬송이 아니라 전문적으로 훈련된 성직자들의 전유물이었습니다.

종교개혁은 예배의 개혁인데 당연히 찬양도 개혁했습니다. 종교개혁은 성직자들의 전유물이었던 성가, 즉 찬양을 회중의 입에 돌려 주었습니다. 예배 찬송이 원칙적으로 회중 찬송이어야 한다면 성가대의 자리는 어떠할까요? 성가대는 위에서도 언급했듯이 중세 시대를 연상시키기에 찬양대라고 부르는 것이 낫습니다. 찬양대가 예배를 돕고 있다는 것은 불문가지의 사실입니다. 찬양대가 예배 시작부터 마칠 때까지 반주자의 전주와 후주에 맞추어 찬송하기도 합니다. 그리고 무엇보다 찬양대가 온 회중이 보는 앞에서 준비한 찬양을 선보이는 순서가 있습니다. 이때 어떤 곡으로 찬양할 것인지를 신중하게 정해야 합니다. 예배 안에서 불리는 찬송이기 때문입니다.

찬양대는 찬송할 때 회중에게 공연하듯이 부르는 것이 아니라 회중과 함께 찬송해야 한다는 것을 명심해야 합니다. 그렇지 않으면 언급했듯이 찬양이 공연이 되기 쉽습니다. 외부 교인을 초청하여 독창이나 중

창을 하거나 연주할 때도 이 부분을 명심해야 합니다. 예배 찬양은 회중에게 공연하는 것이 아니라 회중과 함께 하나님을 찬양하는 것임을 말입니다. 찬양대는 어떤 경우에도 회중과 유리되어서는 안 됩니다. 찬양대의 좌석이 강단 위로 올라간다든지, 회중과 유리된 별개의 좌석을 가지는 것이 옳은지 신중하게 고민해 보아야 합니다.

유럽에서는 찬양대나 오르간을 회중이 보지 못하도록 회중석 뒤쪽으로 배치하는 경우가 종종 있습니다. 유럽의 교회 건물을 보면, 회중석 뒤쪽 위, 양 측랑 위에 좌석이 있는데 그곳에 오르간과 찬양대가 자리하곤 합니다. 이 경우 공중에서, 아니 하늘에서 찬양이 들리는 듯한 느낌이 들기도 합니다. 회중은 소리만 들을 수 있습니다. 저는 개인적으로 이게 썩 좋게 보이지는 않았습니다. 하지만 예배 찬양은 사람에게 구경거리이거나 공연하는 것이 아니라는 생각만큼은 분명합니다.

성가대 지휘자는 가능하다면 예배를 인도하는 목사와 논의하여 어떤 설교를 하는지, 지금 교회력의 어떤 절기를 지내고 있는지를 잘 살펴서 찬양대의 곡을 정하면 좋겠습니다. 위에서 언급했듯이 찬송가에 없는 곡들도 노래하는 경우가 많기에 우선은 가사 자체를 신중하게 살펴야 합니다. 우리의 신앙 고백에 합당하지 않은 것들이 있는지 잘 살펴야 합니다. 그리고 그 모든 고민을 풀어 주는 것이 시편 찬송이라고 말하면서, 예배 때는 시편 찬송만 불러야 한다고 말하는 이들이 있는데 다음 기회에 한번 다루어 보겠습니다.

4
시편 찬송을 왜 불러야 하는지 모르겠습니다

음악이 없으면 예배가 얼마나 삭막하겠습니까? 찬양의 실질적인 유익도 큰데요. 찬송을 통해 성도들의 감정을 고양시켜 주어야 설교에 마음을 열지 않겠습니까? 물론 예배 직전에 소위 말하는 '준비 찬송'은 교회 형편에 맞게 잘 진행해야 한다고 봅니다. 그 준비 찬송이 예배 준비에 도움이 되지 않는 경우도 있으니까요. 준비 찬송을 너무 길게 하면 예배 전에 진을 다 빼놓을 수 있으니까요. 그런데 일각에서 공예배 찬송은 시편 찬송으로 해야 한다는 말을 듣곤 합니다. 예배 찬송으로 시편 찬송이 아니면 안 된다는 극단적인 말도 들을 수 있고요. 예배 때 꼭 시편 찬송을 불러야 한다고 말하는 이유가 어디에 있나요? 찬송은 다양한 것이 좋지 않을까요?

음악이 중요합니다. 예배 때 찬송이 큰 역할을 한다는 것은 불문가지의 사실입니다. 예배 때 찬양이 없다면 얼마나 삭막하겠습니까? 그런데 요즘에는 찬양이 지나치다는 생각을 금할 수 없습니다. 예배 전부터 '준비 찬양'을 2-30분간 하는 경우도 있습니다. 찬양이면 찬양이지 왜 준비 찬양이냐고 하는 분들도 있습니다. 그렇습니다. 찬양 자체가 하나님께 드리는 것일진대 그것이 다른 무엇을 준비시키는 것이라고 불러서는 안 될 것입니다. 이런 찬양에 찬양 인도자만이 아니라 여러 명의 싱어들이 동원되고 심지어 드럼을 포함한 밴드가 동원되기도 합니다. 다양한 악기 동원을 문제 삼고 싶은 것이 아니라 그 찬양이 너무나 시끌벅적해서 오히려 예배 준비에 방해가 될 수 있다는 사실입니다. 음향을 잘 조절해야 합니다. 자신의 악기 소리가 잘 나지 않는다고 음향을 키우기 시작하면 회중의 상황에서는 귀가 아프고 머리가 지끈거리기도 합니다. 악기만이 아니라 인도자가 이런저런 멘트들을 많이 다는 것도 고민해 봐야 합니다. 찬양 인도를 한다면 순수하게 찬양을 잘 인도하는 것이 좋을 것입니다.

사실 우리 개신교회는 찬양을 중요시했습니다. 중세 교회의 찬양은 성직자들의 전유물이었지만 종교개혁은 그 찬양을 회중 전체의 입에 돌려 주었기 때문에 찬양의 신기원을 이루었다고 해야 할 것입니다. 그런데 개혁자 루터와 칼뱅의 입장이 많이 달랐습니다. 루터는 음악적인 소양이 뛰어나서 예배를 위해 스스로 작곡과 작사를 하여 부르기 시작합니다. 고대 교부 중에 그 유명한 밀라노의 암브로시우스가 소위 말하는 찬송을 작곡하여 부른 것과 같습니다. 이에 반해 칼뱅은 예배 찬송으로는 시편송이 제일 좋다고 생각하며 마로(Clement Marot)라는 사람에게 부탁하여 시편에 곡을 붙여 시편송을 만들었습니다. 이게 소위 말하는 '제네바 시편'입니다. 시편 150편 전체에 곡을 붙였습니다. 이후에 대륙의 개혁 교회에서는 예배 때 이 시편 찬송을 부르기 시작했고, 지금도 이 전통이 고스란히 내려오고 있습니다. 그렇다고 해서 복음송을 부르지 않는 것은 아닙니다. 공예배 때는 시편송을 주로 부른다는 말입니다.

한국 교회에도 이제 서서히 시편 찬송이 소개되고 있습니다. 우리가 채택하고 있는 새찬송가를 살펴보면 17, 18세기의 대각성 운동 때 만들어 부른 찬송이 대부분입니다. 이번 새찬송가 편집에는 한국 교회 성도들의 찬송이 많이 선곡되었고, 고대 교회의 찬송 몇 편도 들어갔습니다.

곡은 놓아두더라도 가사의 문제를 지적하지 않을 수 없습니다. 공적인 고백으로서 부르기에 적합하지 않은 가사들이 다수 존재한다는 사실입니다. 예를 들면 199장의 경우 '나의 사랑하는 책 비록 해어졌으나 어머니의 무릎 위에 앉아서 재미있게 듣던 말 그때 일을 지금도 내가 잊지 않고 기억합니다'라는 가사를 회중 전체가 흔쾌하게 부를 수 있을까요? 우리 부모님은 그렇게 하지 않으셨더라도 나는 자녀들에게 이런 부모가 되어야겠다는 소망을 가지고 부를 수는 있겠지만 말입니다. 지난 번에도 지적했지만 예배 찬송은 회중 전체가 고백으로 부를 수 있어야 합니다. 사도신경과 같이 우리의 공적인 신앙 고백에 버금가는 고백이 찬송이기 때문입니다.

시편 찬송도 마찬가지가 아니냐고 하겠지요? 시편도 시인들의 온갖 주관적인 감정이 드러난 가사투성이인데 뭐가 다르냐고 하겠지요? 놀랍게도 하나님께서는 다윗을 포함한 구약 신자들의 체험과 감정이 담긴 가사를 교회의 찬송으로 삼으셨습니다. 심지어 우리 주 예수 그리스도께서는 그 모든 시편을 주님 자신의 시편으로 삼으셨습니다. 교회가 시편으로 기도하고 찬송할 때 그리스도께서 함께 기도하십니다. 시편은 이제 교회의 기도, 신자의 찬송이 되었습니다. 가능하다면 예배 때 시편 찬송을 부르는 것이 좋겠습니다. 시편 찬송을 부르는 것은 과거로 돌아가고 찬송을 획일화시키는 것이 아니라 예배 찬송의 폭을 넓히는 것이요 다양하게(?) 하는 것입니다. 문제는 제네바 시편의 곡이 너무 어색하다는 것인데, 이것이 힘들다면 '스코틀랜드 시편 찬송'을 불러도 좋겠습니다. 우리 정서에 잘 맞는 곡들로 구성되어 있으니까요. 예배 찬송이 우리의 감정적인 분출이기 이전에 고백임을 안다면 시편 찬송을 거부할 이유가 없습니다.

5
예배 때 애국가를
불러도 됩니까?

최근에 어떤 기독교 웹진에서 화란 신학자 한 분이 네덜란드 국가를 주일에 부르지 말자고 쓴 것을 보았는데요. 저는 이것에 공감합니다. 우리 애국가 중에 '하느님이 보우하사 우리 나라 만세'라는 감동적인 가사가 있기에 우리 기독교인도 자부심을 가지고 부를 수 있을 것입니다. 그런데 그 곡을 기독교인이 지었다고 하더라도 예배 시간에 부를 수 있느냐는 다른 문제일 것입니다. 이제 우리 예배에 외국인들이 참석하는 경우도 있을 것이기에 더더욱 애국가를 예배 시에 부르는 것은 합당하지 않다고 생각합니다. 제 생각이 너무 우물 안 개구리와 같은 생각입니까?

이 문제는 찬송의 문제입니다. 예배 시에 부를 수 있는 찬송이 어떤 것인가 하는 문제입니다. 사실, 21세기 새찬송가를 보면 서양의 국가(國歌)들이며 민요들이 여럿 있습니다. 예를 들어 새찬송가 70장 '피난처 있으니'는 영국과 미국의 애국가로 사용되는 곡입니다. 영국에서는 '하나님, 우리의 자비로운 여왕을 구해 주소서'라는 가사로 시작되는 곡입니다. 그래서 새찬송가를 편집하던 이들 중에 이 곡을 제외시켜야 한다고 주장한 분도 있습니다. 제국주의 나라인 영국의 여왕을 찬양하고 다른 나라를 무너뜨려 달라는 내용이 찬송가에 들어갈 수 없다는 지적이었습니다. 하지만 그 곡은 결국 새찬송가에 수록되었습니다.

예배 때 애국가를 부를 수 있느냐고 물었는데요. 흥미롭게도 1905년 윤치호가 발간한 '찬미가'에는 안익태가 작사, 작곡한 애국가가 실려 있습니다. 일제에 의해 국권이 상실되기 직전에 민족의식을 고양시키기 위해 애국가를 찬송가에 넣었던 것입니다. 예배 때 이 애국가를 종종 불렀는지는 확인하기 힘듭니다. 그 이후에 1908년 장로교와 감리교가 연합하여 발간한 최초의 찬송가에는 이 애국가가 빠졌습니다.

예배 시 부를 찬송은 하나님의 백성들의 공적인 고백에 합당해야 합니다. 새찬송가에는 공적인 예배에서 부르기에 합당하지 않은 가사와 곡들이 있는 것이 사실입니다. 오히려 우리가 잘 아는 복음성가 중에는 예배 찬송으로 합당한 것도 있습니다. 새찬송가라고 해서 그것은 찬송가고 그 외의 것들은 복음성가로 분류하는 것은 합당하지 않습니다. 사실, 새찬송가에 수록된 많은 곡들이 19세기 미국의 대각성 운동 때 만들어졌습니다. 그 찬송들에는 주관적인 체험을 진술한 가사들이 많습니다. 너무나 개인적인 고백이라 하나님의 백성들이 모두 아멘으로 화답하면서 부르기에 힘든 가사들이 있습니다.

민요풍의 한국적 특유의 곡들을 만들 수 있습니다. 그런 곡에다가 세계 교회와 신자들이 한마음으로 고백할 수 있는 가사를 담으면 예배곡으로 합당합니다. 그런데 애국가는 아무리 기독교적인 배경을 가지고 있다고 하더라도, 그곳에 '하느님이 보우하사'라는 가사가 들어 있다고 하더라도, 국가로 정해진 한 예배에서 부르지 않는 것이 좋겠습니다. 기독교인들이 앞장서서 투철한 민족의식을 가져야 하고, 애국가를 부르는 것이 민족의식을 고취시키는 길이라고 하더라도 그 곡을 공예배에서 부르는 것은 합당하지 않습니다.

기독교 국가라고 불리는 미국에서는 교회 강단에 성조기를 걸어 놓는 경우도 있고, 언급하셨듯이 네덜란드에서는 예배 후에 애국가인 '빌헬뮈스'를 부릅니다. 신자는 교인이요 동시에 국민이기에 애국가를 부를 수 있습니다. 애국가를 불러야 할 때가 있습니다. 하지만 예배 시에, 그리고 예배 후라면 부르지 않는 것이 좋겠습니다. 교회는 한 국가에 종속된 단체가 아니라 모든 나라와 우주 전체를 아우르는 하나님 나라의 전초 기지이기 때문입니다. 예배할 때 교회는 한 나라와 민족을 초월하여 역사 속의 하나님의 모든 백성들, 그리고 천사의 예배에 합류하기 때문입니다.

교회가 정치에 휘둘리지 않아야 합니다. 교회가 민족주의에 사로잡혀서도 안 됩니다. 어떤 경우에 교회는 민족을 배반할 수도 있어야 합니다. 서양 제국주의가, 그리고 일제가 다른 나라를 침략할 때 교회가 그것을 묵인할 뿐만 아니라 승인하고 더 나아가 찬양한 것을 반면교사로 삼아야 하겠습니다. 3.1절이나 광복절 가까운 주일에 국가 사랑에 대해 설교할 때에도 우리의 믿음이 국가 이념과 민족의식을 초월해야 함을 가르쳐야 합니다. 그 예배에 일본 기독교인이 참석했다면 하나님을 함께 예배한다고 고백할 수 있겠습니까?

6
반주자에게
사례하는 것이 맞나요?

봉사하는 이들을 교회가 알아주는 것이 필요한데요. 교회의 프로그램이나 행사에 교인들을 동원하고서는 입을 싹 닦는 것은 문제가 있다고 봅니다. 교인들의 시간과 물질을 요구하고, 그들이 봉사한 것에 대해 사례하는 것을 금기시합니다. 그것은 교인들의 노동을 착취하는 것이 아닌가요? 교회에서 요구하여 먼 거리에서 와서 봉사했는데 차비도 주지 않는 경우도 많고요. 전임 사역자 외에 모든 신자들의 봉사는 무사례여야 한다는 법이 있나요? 그런데 성가대와 관련된 이들에게는 왜 사례를 합니까? 반주자들 뿐만 아니라 자기 교인이 아님에도 주일에 악기 연주자를 부르고 사례하는 경우도 많고요. 전문 기술을 가진 이들에게는 사례해도 되는 것입니까?

교인들이 받은 은사를 가지고 교회의 부서나 프로그램을 위해 자발적으로 헌신하는 것이야말로 참으로 아름다운 모습입니다. 신자는 자기가 세상에서 갈고 닦은 능력으로 교회를 섬기는 것이 아니기에 사례를 바라고 봉사하지 않습니다. 하나님께서 주신 은사, 다른 말로는 달란트로 교회를 섬깁니다. 하나님께서 주신 은사이기에 교회를 위해 기꺼이 사용합니다. 하이델베르크 요리 문답(55문)에서도 사도신경의 '성도가 서로 교통하는 것'을 해설하기를 '각 신자에게는 자기의 은사를 다른 지체의 유익과 복을 위하여 기꺼이 그리고 즐거이 사용할 의무가 있다'고 말합니다.

　교인의 교회 봉사는 기본적으로 무사례를 원칙으로 합니다. 그런데 교회가 공예배가 아닌 특별한 목적을 위해 행사나 프로그램을 만들고 교인들의 봉사를 요구할 때는 교인들의 상황을 잘 살펴야 합니다. 봉사를 요구하였을 때에는 먼 거리에서 차량을 이용하여 오는 이들을 위해 기름값을 주어야 할 수도 있습니다. 사실 봉사를 돈으로 환산할 수 없습니다. 기꺼이 자기 시간을 내어서, 차량을 이용하여 와서 봉사했는데 자신의 봉사를 돈으로 환산해서 계산해 주면 기분이 나쁠 것입니다. 하지만 가난한 이들이 자기 장사하는 시간에 교회 와서 봉사한다고 해 보죠. 그 시간에 팔 이익을 고려하는 차원이 아니라 최소한의 식사비와 기름값 지불을 고려해야 합니다. 교회가 교인들에게 무조건적인 헌신을 요구할 수는 없습니다.

　성가대의 경우를 언급하셨는데요. 교회의 규모가 커지면서 성가대의 규모도 커지다 보니 성가대원 중 특정한 역할을 맡은 이들에게 사례하는 경우가 생깁니다. 지휘자를 초빙하는 경우도 그렇고요. 일반 대원이 아니라 솔로를 초빙한다거나 오케스트라를 구성하면서 연주자를 초빙하는 경우도 있습니다. 이때 그들에게 사례비를 지불하는 경우가 있습니다. 그 교회의 교인일 경우에도 일률적으로 사례비를 지불하기도 하고요. 이런 경우 교인의 봉사는 원칙적으로 무사례임을 어기는 셈인데요. 반주자나 연주자가 학생일 경우가 많기에 사례비라는 명목이 아니라 장학금이라는 명목으로 지불하기도 합니다.

　교회가 대형화되면서 교회에서 신자를 고용하여 사례를 주는 경우가 생깁니다. 교회에서 특정한 요일이나 일정한 시간을 위해 봉사를 요구하면서 사례를 하는 경우도 있습니다. 이와는 달리 교회 행정이나 교회

관리를 위해 필요한 이들을 고용하는 경우도 있습니다. 건물 관리를 위해 사찰 집사를 둔다든지, 교회 행정을 위해 사무장을 둔다든지 하는 경우 말입니다. 이런 경우에는 그분들이 교회에서 일하지만 직장 생활을 하는 것이기에 교회가 노동자 고용에 관한 법률을 잘 알아서 노동 착취라는 말을 듣지 않도록 해야 할 것입니다.

유럽 교회도 교인들의 봉사와 관련해서는 순수하게 무사례 원칙을 고수합니다. 단지 교인들에게 특정 봉사를 요구할 때는 이미 언급했듯이 교통비를 책정해 놓는 경우가 많습니다. 한편 오르간 반주자의 경우는 독특합니다. 유럽 교회는 오르간 반주자를 예배를 섬기는 가장 중요한 직분자 중의 한 사람으로 봅니다. 예배가 시작되기 전부터 전주를 연주하고, 예배 중의 찬송뿐만 아니라 예배가 마친 후에까지 후주를 연주하는 등 예배 전체와 관련을 맺고 있으니까요. 오르간 반주자가 주 중에 예배당에 와서 반주를 준비하는 경우도 흔합니다. 이런 반주자에게 교회가 사례하곤 합니다. 자기 교인이 아님에도 예배를 위해서 오르간 반주자를 초청하는 경우도 있고요. 심지어 오르간 반주자를 각종 세미나에 보내거나 교육시키기 위해 적극적으로 지원합니다.

신자들은 본인이 속한 교회를 위해 무사례로 봉사하는 것이 당연합니다. 교회에 직원이 많아지는 것은 좋지 않습니다. 소위 말해서 교회 때문에 밥 먹고 사는 이들이 많아지는 것은 바람직하지 않습니다. 교인들이 행정을 포함한 교회의 짐을 나누어 지는 것이 좋습니다. 그렇더라도 교회는 교인들의 사회생활에 지장을 줄 정도의 봉사를 요구하지 않아야 하겠고, 예배를 제외한 특정한 봉사를 요구할 때는 그 봉사에 대해 알아주고 감사를 표해야 할 것입니다. 기름값을 지불하는 문제만이 아닙니다.

7
설교 후에 통성 기도하는 것, 어떻게 생각하세요?

설교 시간에 아멘을 너무 많이 요청하는 것에 신경질이 날 때가 있습니다. 게다가 설교 후에 설교자가 자신의 설교를 요약하는 긴 기도를 하는 것도 지겨울 때가 많습니다. 목사가 설교 내용을 반복하여 기도하는 것은 쓸데없는 중복이니까요. 하지만 설교가 끝나고 나면 회중이 자연스럽게 반응하는 것은 필요할 것입니다. 찬송이 설교에 대한 반응임을 모르지 않습니다. 하지만 설교 내용과 관련된 기도 제목을 주고 통성으로 기도하는 것이 좋지 않을까요? 설교를 듣고 그것으로 끝나 버리면 안 되니까요. 설교를 듣고 자신을 돌아보지 않으면 귀만 커지지 않겠습니까?

설교자가 아멘을 계속해서 요구하는 것에 짜증이 난다고 했는데요. 그렇습니다. 설교자가 툭 하면 '믿습니까?'라고 외치면서 아멘을 하도록 강요하는 것이 좋아 보이지는 않습니다. 설교가 선포이기는 하지만 강요는 아니니까요. 회중은 선포되는 하나님의 은혜로운 말씀에 자연스럽게 아멘을 터뜨리게 되어 있습니다. 고신 교회는 많은 경우 설교 시간에 아멘을 하지만 말입니다. 신자들이 자기 마음에 드는 말에 대해 아멘을 습관적으로 하는 것도 문제이기는 합니다.

예배 시에 받은 말씀에 대해 회중은 다양한 방식으로 반응할 수 있습니다. 예배는 하나님과 그 백성 간의 언약의 교제이니 당연합니다. 일반적으로 설교에 대한 반응은 회중의 찬송입니다. 그 찬송을 '응답 찬송'이라고 부를 수 있습니다. 설교 후에 그 설교의 주제와 관련이 있는 찬송을 부르면 받은 설교를 되새기고, 받은 은혜를 마음속에 자리 잡게 하는 데 도움이 됩니다. 문제는 설교 주제에 꼭 맞는 찬송가를 고르기가 힘들다는 것입니다. 설교할 성경 본문을 찾는 것보다 설교에 맞는 찬송가를 찾기가 더 힘들 때도 많습니다. 적절한 찬송가를 찾지 못해서 찬송가를 이리저리 뒤적거리는 경우도 많습니다. 찬송가가 제한되어 있기 때문입니다. 이때 시편 찬송으로 눈을 돌려 보면 도움이 될 것입니다.

설교에 대한 적절한 반응은 한마디로도 충분합니다. 회중이 다 같이 한 목소리로 '아멘'이라고 외치는 것입니다. 하나님께서 주신 말씀에 대한 가장 분명한 반응은 아멘으로 화답하는 것이기 때문입니다. 아멘에 곡조를 붙인 '아멘송'을 부르는 것도 좋은 방법입니다. 적절한 찬송가를 찾기에 골머리를 앓기보다는 아멘송만 불러도 됩니다. 우리 찬송가에 한 번 아멘, 두 번 아멘, 세 번 아멘 등 아멘송들이 여러 개 있습니다. 설교가 끝나면 반주에 맞추어 온 회중이 아멘송을 부르면 좋을 것입니다. 감사를 담아 부르는 많은 물소리와 같은 아멘송이야말로 헌신을 요구하는 가사들로 가득 찬 찬송가들보다 단정하면서도 훨씬 더 감격적일 수 있습니다.

설교 후에 설교자가 기도하는 것이 쓸데없는 반복이라고 지적했는데요. 그럴 수 있습니다. 설교의 결론 부분에 설교 전체를 요약하는 발언을 하고, 기도로 또 다시 설교를 요약하고, 더 나아가 헌금 후에 하는 기도에 또 다시 설교의 내용 중 일부를 언급한다면 같은 설교를 세 번이나 반복하는 셈입니다. 하지만 설교자가 설교 후에 기도로 간단하게 정리

하는 것이 회중에게 도움이 됩니다. 목사는 설교자일 뿐만 아니라 기도를 인도하는 자이기 때문입니다. 공예배의 기도는 즉흥적으로 하기보다는 준비된 기도, 즉 기도가 신학이 되어야 합니다. 공예배가 집회와 다름을 인식하는 것이 중요합니다. 공예배는 직분자의 인도에 따라 온 회중이 함께 하나님께 나아가는 것임을 명심해야 합니다.

설교 후의 기도는 조금 더 자유로운 방식을 취할 수 있습니다. 본인의 경험인데, 설교 후 기도의 경우 기도문을 작성하여 그대로 읽는 것과 즉흥으로 기도하는 것에는 차이가 있습니다. 즉흥 기도가 훨씬 더 생생해서 예배가 끝나는 즉시 그 특정 표현을 적어 놓기도 합니다. 지적하셨듯이 설교 후의 기도는 설교자만 하지 않고, 회중이 함께할 수도 있습니다. 인도자가 회중을 향해 기도로 말씀에 반응하자고 요청할 수 있습니다. 설교 주제에 맞는 정확한 기도 제목을 한두 가지 제시하는 것이 중요할 것입니다. 설교를 통해 선포된 하나님의 뜻이 교회와 우리의 삶 속에서 구현될 수 있기를 원한다고 온 회중이 기도하는 모습, 보기 좋지 않습니까? 통성 기도만을 고집할 필요는 없겠고, 오히려 조용히 묵상하며 기도하는 것이 더 좋을 수도 있습니다. 인도자가 마무리 기도를 하면 될 것입니다.

3
헌금과 성례

1
<u>'헌금 없는 주일'</u>을
<u>가지겠다고요?</u>

최근에 어떤 교회 목사가 매달 한 주일을 '헌금 없는 주일'로 하겠다고 천명했다는데요. 그 주일에 할 헌금을 가지고 이웃을 위해 사용하라고 했다는 것입니다. 저는 이게 신선해 보였습니다. 교인들이 교회에 십일조 등을 헌금하고 난 다음에는 나머지 물질을 자신을 위해서 마음대로 사용해도 된다는 생각을 하니까요. 게다가 교회가 재정을 제대로 사용하지 못하는 경우가 많으니까요. 교인들이 물질을 어떻게 사용할 것인지를 고민할 수 있는 계기를 주는 것이니 그것도 큰 유익이 되지 않을까요? 재정이 부족한 교회들은 크게 반발할 것이지만 말입니다.

'헌금 없는 주일'이라는 말을 듣고 저도 깜짝 놀랐습니다. 그런 생각을 할 수도 있다는 것이 참 신기했습니다. 예배 때 당연히 헌금 순서가 있는데 그것이 없을 수도 있다는 생각을 했으니까요. 요즘같이 교회가 세상으로부터 욕을 듣는 상황에서 놀라운 발상의 전환을 했다고 할까요? 참으로 깊은 고뇌가 담긴 결단일까요? 한국 교회사에 길이 빛날 명품이라는 칭찬까지 나오고 있는데요. '헌금 없는 주일'이 바람직할까요? 어떤 분은 그 다음에는 '설교 없는 예배'를 하자고 할지 모른다며 비아냥거리기도 하지만 이 문제를 심각하게 생각해야 합니다.

요즘에는 예배 시간에 헌금 순서가 없는 경우도 있습니다. 교인들은 많은 경우 헌금함에 헌금하고 예배에 참석합니다. 그럼에도 불구하고 헌금 없는 주일은 없습니다. 한국 교회 교인들만큼 헌금을 많이 하는 교인들도 없습니다. 세계 교회가 부러워하고요. 로마 교회도 우리 개신교인들이 헌금하는 것을 보고는 깜짝 놀랍니다. 그들은 교인들에게 교부금이라는 것을 걷는데 우리의 십일조와 감사 헌금, 선교 헌금 등에 비교하면 아무것도 아니지요. 앞으로는 교인들이 지금까지 하던 헌금을 계속할 것이라고 기대하기 힘듭니다. 급변하는 사회 환경 탓이기도 하겠지만 신자들의 헌금이 가면 갈수록 줄어들 가능성이 큽니다.

교회에 들어간 헌금은 사회를 위해 절대로 사용되지 않는다는 불만을 제기하는 경우가 많은데요. 세상 사람들이 교회 헌금에 대해 감 내놔라 배 내놔라 하는 것이 웃기는 이야기입니다. 불교와 로마 교회에서 구제와 사회 정의에 힘쓴다고 알려져 있지만 우리 개신교회에서 구제와 봉사를 훨씬 더 많이 합니다. 우리 개신교회는 개교회적으로 활동하다 보니 집계가 잘 안되어서 개신교회가 구제와 사회봉사에 아무런 관심이 없는 것처럼 보이기도 합니다.

교회가 재정 사용을 고민하는 것이 당연합니다. 교회는 구제 기관이 아님에도 불구하고 구제에 힘써야 합니다. 그것을 위해 세워 주신 직분이 집사직입니다. 유럽의 교회에는 '집사회'가 구성되어 있습니다. 제직회와는 별도로 집사만의 모임인 집사회가 구성되어 있습니다. 복지 제도가 발달한 유럽 교회에서 아직까지도 집사회가 유지되고 있다는 것은 무엇을 의미하겠습니까? 복지를 국가에 아예 맡겨 버린 것이 아니라 교회가 교인들의 고통과 사회의 고통을 돌아보는 일을 게을리하지 않고 있음을 보여 줍니다. 이 집사회에서 교회 내의 가난한 이들을 돌아보고 은밀히 구제합니다. 경제적인 소외만이 아니라 정서적인 소외, 그리고 사회적인 소외의 문제까지도 보살핍니다.

우리가 개교회의 관점, 신자 개개인의 관점이 아니라 공교회적인 관점을 가지는 것은 중요합니다. 아무리 나의 교회, 나의 교인들에게 유익이 되겠다 싶은 것도 다른 교회, 특히 공교회적인 관점에서 바라보지 않으면 그게 도리어 전체 교회에 해를 끼치는 것이 될 수 있으니 말입니다. 신자는 개인적으로 이웃을 돌아보는 일을 해야 합니다. 하지만 교회가 공적인 구제를 감당하기 위해 예배 시에 헌금하는 것이 무엇보다 중요합니다.

사실, 유럽에서 매 주일에 드리는 헌금은 구제 헌금입니다. 목회자의 생활비와 교회 건물 유지를 위한 예산은 해마다 각 가정에서 작정하여 교회 구좌로 넣고, 매 주일 헌금은 집사회에서 특정 목적을 위해 요청하는 구제 헌금입니다. 교회의 이름으로 구제하는 것은 교회의 이름을 내겠다는 것이 아니라 그 구제가 공적인 사안임을 증거하는 것입니다. 설교가 없는 예배, 성찬이 없는 예배가 부족한 예배이듯이 헌금 순서가 빠진 예배는 부족한 예배입니다.

2
<u>구제 헌금은
어디로 갑니까?</u>

한국 교회만큼 헌금의 종류가 많은 교회는 없을 것입니다. 그 헌금들을 목적에 맞게 집행하는지 참 궁금합니다. 유럽의 주일 헌금은 다 구제 헌금이라는 말을 들었는데요. 왜 그런가요? 그곳에서는 십일조며 감사 헌금도 드리지 않나요? 우리가 십일조와 감사 헌금은 잘하는 데 비해 교회는 구제를 위해 헌금할 것을 뚜렷하게 요청하지 않고, 구제와 관련한 체계적인 계획을 가지고 있지 않으니 어떤 교회처럼 목사가 나서서 헌금할 돈을 가지고 가까운 이웃에게 구제하라는 발상마저 내놓는 것이 아닐까요? 그동안 우리가 헌금을 담당하는 집사의 역할을 너무 무시했던 것이 아닐까요? 그 많은 집사들을 왜 활용하지 않나요?

한국 교회에는 헌금의 종류가 참 많습니다. 십일조와 감사 헌금은 기본이고, 주일 헌금이 따로 있습니다. 그 외 선교 헌금이며, 교회의 특정한 필요를 위한 헌금도 많습니다. 장학 헌금, '봉고를 위한 헌금'도 있습니다. 교회 차량을 구입하기 위한 헌금입니다. 심지어 '일천번제'라는 헌금도 있는 것을 보았습니다. 일천번제라고 해서 새벽기도회를 일천 번 드려야 한다고 강조하는 것을 보았는데, 이것을 헌금에까지 적용한 것을 보니 아연실색하지 않을 수 없습니다. 헌금의 종류를 수없이 만든 것이 바람직할까요?

목적 헌금은 당연히 그 목적으로 사용되어야 합니다. 구제 헌금도 당연히 그래야 합니다. 이상하게도 교회의 필요를 위한 예산을 세우고 남은 금액을 구제비로 책정하는 경우가 많습니다. 구제비는 경조비와 비슷하게 취급됩니다. 여기서의 구제비는 교회 내의 구제보다는 대외 구제를 염두에 둡니다. 교회 문을 열어 놓기에 주 중에 노숙하는 분들을 포함하여 멀쩡하게 옷을 차려입은 분들이 와서 '구제금'을 달라고 당당하게 요구하는 경우가 많습니다. 교회가 구제금을 책정해 놓고 있다는 것을 알고 있는 것이지요.

유럽의 경우에는 헌금의 방식이 우리와 다릅니다. 연말이 되면 교회는 교역자 가정의 생활비를 포함하여 목회비와 교회 건물 유지 등을 위한 예산을 정해서 교인들 앞에 밝힙니다. 교인들은 가정별로 작정합니다. 그 모든 것을 집계해서 모자라면 어느 정도가 모자라니 더 작정해야 한다고 광고합니다. 조금 더 작정하는 분들이 나오고, 예산을 채웁니다. 작정한 헌금은 매달 나누어서 교회 구좌로 보냅니다. 이게 바로 우리의 십일조에 해당한다고 보면 되겠습니다.

유럽 교회에서는 주일 헌금을 따로 할 필요가 없습니다. 그럼에도 불구하고 유럽 교회에서는 매 주일마다 헌금을 합니다. 헌금 없는 주일이 없습니다. 매 주일마다 하는 헌금은 순수하게 구제 헌금입니다. 그 일부는 우리의 선교 헌금에 해당 합니다. 매 주일마다 특정한 목적을 밝힙니다. 매 주일마다 구제 헌금을 하기에 헌금 액수가 그렇게 많지는 않습니다. 동전으로 헌금하는 경우도 흔합니다. 어쨌든 매 주일마다 하는 이 헌금은 '집사회'가 주도하여 교인들에게 요청하는 것입니다. 유럽 교회의 신자들은 집사회의 요청만이 아니라 여러 매체나 기관들의 구호 요청에도 적극적으로 응합니다. 구호와 구제가 일상화되어 있습니다.

우리가 성경을 통해 익히 알고 있듯이 구제를 위해 세운 직분이 집사 직입니다. 집사는 그리스도의 긍휼을 본보게 할 뿐만 아니라 집사회를 구성하여 긍휼을 베푸는 구체적인 방안을 마련합니다. 집사는 교인들로 하여금 '집사'처럼 살도록 격려하는 일도 합니다. 우리나라가 가난하던 시절에 유럽에서 신학으로 유학하던 목사들이 이 집사회를 통해 큰 도움을 받았습니다. 이렇듯 헌금, 특히 구제 헌금은 집사직과 깊은 관련이 있습니다. 목사가 헌금의 사용처를 일일이 코치하는 것은 집사직이 활성화되지 않았다는 것을 보여 줍니다. 한국에는 집사회라는 전통이 없으니 제직회에서 이 부분을 강화해야 할 것입니다.

매 주일마다 구제할 곳을 밝혀야 하기에 집사회가 고민할 수밖에 없습니다. 집사회는 교인들의 필요와 사회적인 필요에 민감해야 합니다. 지구상에서 발생하는 재난 등에도 긴급하게 대처해야 합니다. 개교회가 하는 구제 헌금의 액수가 많지 못하기 때문에 노회나 총회 차원에서 구제를 계획합니다. 복지 기관이나 구호 병원 등을 정확하게 평가하여 그들의 필요를 파악합니다. 이렇게 집사회를 통한 구제는 개인적인 것이 아니라 교회적인 것이기 때문에 좀 더 실질적이고 장기적인 도움이 될 수 있습니다. 밑 빠진 독에 물 붓기식의 구제가 아니라 도움을 받는 개인과 단체가 자립할 수 있도록 돕습니다. 구제 헌금과 그 사용 방식을 통해 그리스도의 긍휼이 아름답게 나타나기를 구해야겠습니다. 헌금을 통해서도 그리스도께서 나타나십니다.

3
<u>연보를 소개하고 기도하는 것이 바람직합니까?</u>

헌금 순서가 끝나고 나면 괜히 신경이 곤두섭니다. 목사가 헌금 위원으로부터 헌금 봉투를 전달받고 그곳에 적힌 내용을 소개하기 때문입니다. 심지어 감사 헌금 봉투에 적힌 감사의 제목을 일일이 소개하는 경우마저 있습니다. 회중에게 교육적인 효과를 기대하면서 그렇게 하는가 본데요. 헌금을 가지고 교인들을 교육하려고 하기 전에 예배 인도자인 목사가 교육받는 것이 먼저라는 생각이 듭니다. 헌금 기도를 어떻게 하는 것이 바람직한지 배워야 하니까요. 헌금한 액수만큼 복을 받을 것이라고 기도하는 것을 들으면 민망합니다. 차라리 다른 직분자가 헌금 기도하면 어떨까요? 알려 주시죠.

유럽 한인 교회에서 목회할 때가 생각나네요. 예배를 인도하는데 설교가 길어져서 헌금을 한 후에 헌금 기도를 하지 않고 예배를 마쳤습니다. 교인들의 항의가 들어왔습니다. 왜 헌금 기도를 하지 않았냐고요. 이게 한국 정서 같습니다. 교인들은 헌금을 했으니 목사가 그것에 대해 기도해 주어야 한다고 생각합니다. 헌금에 대해 복을 빌어 달라는 생각일 것입니다. 교인들은 그 순간만큼은 목사를 제사장으로 생각하는 것은 아닌지 모르겠습니다. 그렇다면 목사가 헌금 기도를 하지 않을 때 헌금이 줄어들 수도 있겠습니다.

　헌금 명단을 공개하는 이유가 무엇일까요? 헌금 명단을 주보에 싣는 것은 헌금 계수에 착오가 없도록 확인하는 차원이라고 말하지만 아무래도 어색합니다. 감사 헌금에 대해 지적하셨는데요. 한국 교회는 교회 재정을 편성할 때 십일조의 1/10 정도를 감사 헌금으로 책정하곤 합니다. 십일조 못지 않게 감사 헌금을 강조한다는 것을 보여 주는 모습입니다. 지적하셨듯이 감사의 내용을 소개하는 것은 교육적인 효과를 염두에 둔 것입니다. 교인들이 '아, 저런 내용으로도 감사할 수 있구나'라는 생각을 하게 만드니까 말입니다. 어떤 분은 매 주일 감사 헌금을 하며 감사의 제목을 적는다고 하면서 자신의 신앙을 훈련하는 방편이라고 말합니다. 신자는 무엇보다 감사하는 사람이기 때문이랍니다.

다른 것은 몰라도 감사 헌금의 내용은 알리는 것이 좋다고 생각하는 분들이 있습니다. 그런데 감사의 내용이 주관적인 것이 많아서 이게 시험거리가 되기 싫습니다. 첫 월급을 타서 전부 헌금했음을 언급할 수는 있겠지만 이것을 모든 신자에게 적용할 수는 없습니다. 은퇴한 목사가 은퇴비 전액을 교회에 헌금했다는 말들도 시험거리가 되기 쉽습니다. 개인적인 감사를 예배 시간에 언급하는 것은 피하는 것이 좋겠습니다. 교회가 돈을 밝힌다는 말을 듣지 않기 위해서 하는 말이 아닙니다. 감사는 일률적으로 말할 수 없는 부분이기 때문입니다. 굳이 소개해야 한다면 주보에 그 내용을 선별해서 실으면 될 것입니다.

헌금 기도에 대해서도 언급하셨는데요. 교인들은 목사가 헌금을 받아서 그것을 들고 기도해 주기를 바랍니다. 목사가 하나님을 대신하여 축복 기도해 주기를 바라는 것이지요. 이게 한국 교회의 전통으로 자리 잡았는데, 부작용이 있는 것이 사실입니다. 복채를 내고 기도를 받는 샤머니즘의 모습 말입니다. 그럼에도 불구하고 예배 인도자인 목사는 설교자일 뿐만 아니라 찬송 인도자, 기도 인도자이기도 합니다. 목사가 헌금 기도하는 것도 배워야 합니다. 헌금한 교인들에게 복을 내려 달라고 기도할 수 있습니다. 하지만 다윗의 기도처럼 즐거운 마음으로 드리게 하신 것을 감사하고 주님의 손에서 받은 것으로 주님께 돌려 드렸을 뿐이라고 고백하는 것이 우선되어야 할 것입니다(대상 29:14).

헌금 기도를 목사가 아닌 다른 직분자들은 할 수 없는지 물으셨는데요. 안 될 이유가 없지요. 헌금 위원 중에서 기도해도 될 것입니다. 물론, 기도의 훈련이 필요합니다. 헌금 기도는 헌금하는 행위만큼이나 중요하고 공적인 사안이기 때문입니다. 그래서 헌금 기도가 천편일률적이되지 않도록 잘 준비해서 해야 할 것입니다. 드려진 연보가 복음 사역을 위해 잘 사용되기를 구해야 할 것입니다. 또한 하나님께서 신자들에게 일용할 양식을 주시기를 기도해야 하겠습니다. 예수님께서 '우리에게' 일용할 양식을 주십사 기도하라고 하셨듯이 하나님께서 주신 것을 우리 이웃과 더불어 잘 나누게 해 달라고 기도하는 것도 중요합니다.

4
십일조를
꼭 교회에 내야 하나요?

십일조를 꼭 교회에 내야 합니까? 십일조는 내 돈이 아니라 하나님의 돈이기 때문에 무조건 교회에 바쳐야 한다는 말도 있는데요. 구약의 십일조는 레위인을 포함하여 가난한 이웃을 구제하는 것이 주된 목적이라고 들었는데요. 교회는 십일조를 가지고 구제를 그렇게 많이 하지 않습니다. 교회 내부 문제를 위해서 대부분 씁니다. 구제는 쥐꼬리만큼만 하고요. 그렇다면 그 십일조를 교회에 내지 않고 제가 이웃을 위해 구제하면 안 됩니까? 구제를 굳이 교회 이름으로 해야 합니까? 개인적으로 하고 싶은 구제나 선교는 십일조 말고 또 다른 돈으로 해야 합니까? 그렇다면 십이조, 십삼조를 하라는 말이 아닙니까?

어떤 분에게서 전화가 왔습니다. 교회 담임 목사냐고 묻더군요. 그렇다고 했더니 목사님이 섬기는 교회는 십일조를 하냐고, 십일조 봉투가 있냐고 물었습니다. 십일조 봉투가 따로 없고 주일 헌금, 감사 헌금, 십일조 헌금 중에서 표시해서 헌금한다고 했더니 그러면 되었다고 합니다. 십일조 하는 것은 개혁주의에 맞지 않는 것이라고 하면서요. 십일조는 구약 시대의 것이고 신약 시대에는 폐지된 것이라고 말입니다. 누구한테 그렇게 배웠는지 모르겠습니다. 교회가 헌금을 강요하다 보니 십일조를 하지 않아야 한다는 과격한 주장을 하는 이들이 있는데 개혁주의를 주장하는 이들 중에서도 그런 주장을 하는 이들이 있는가 봅니다.

구약 시대의 십일조는 단순하지 않습니다. 우선은 기업을 얻지 못한 레위인들을 위해서 모든 지파 사람들이 십일조를 했습니다(민 18:21-32). 이것에 근거하여 목사가 교인들이 하는 십일조 전체를 자기 생활비로 사용해도 무방하다고 말하는 경우마저 있습니다. 그런 일대일 적용은 참으로 무식한 적용인데 말입니다. 그리고 매 3년마다 가난한 자를 위하여 십일조를 하여 저축해 놓으라는 말씀도 있습니다(신 14:28, 29). 한편, 십일조를 가지고 성전으로 가서 가족이며 다른 사람들과 함께 나누어 먹으라는 말씀도 있습니다(신 14:22, 23).

신약 교회는 십일조를 했을까요? 신약 교회는 사도행전을 통해 알 수 있듯이 자기들의 소유를 팔아 사도들 앞에 놓기도 했습니다. 그렇다고 강제적으로 모든 소유를 빼앗은 것이 아닙니다. 아나니아와 삽비라 부부가 죽임을 당한 것은 소유물을 팔아서 다 헌금하지 않았기 때문이 아니라 일부를 남겨 두고는 다 바쳤다고 거짓말을 했기 때문입니다. 고대 교회는 이런저런 헌금을 많이 했습니다. 예배당 건물 입구에 헌금함을 놓기도 했고, 성찬에 참여하기 직전에 집사가 서서 들고 있는 바구니에 헌금을 하기도 했습니다. 중세 시대에는 사람들이 수도원에 재산을 기부하는 일이 많았고, 유산을 몽땅 기부하기도 했습니다. 교회와 수도원은 부자가 되었습니다. 그게 부패로 이어졌고 말입니다.

유럽의 교회에는 십일조가 없다고 말하는 이들이 있습니다. 이것은 큰 오해입니다. 유럽 교회에서는 교회 유지와 목회자 생활비를 위한 헌금을 각 가정이 나누어서 담당합니다. 연말이 되기 전에 한 해의 예산을 세워서 알리고 교인들이 가정 단위로 나누어서 작정하게 합니다. 이게 바로 우리가 말하는 십일조로 보아도 무방합니다. 그런데도 유럽 교회는 매 주일 예배마다 연보를 또 합니다. 그것은 말 그대로 집사회가 특별한 목적을 위해 요청하는 연보입니다. 구제를 위해, 아니면 선교를 위해 요청하는 헌금입니다. 유럽 교인들은 교회 유지와 복음 사역을 위한 헌금을 하고, 구제 헌금도 따로 합니다.

흥미로운 것은 고대 근동에서 십일조 개념이 일반적이었다는 사실입니다. 아브라함이 조카 롯을 구한 후에 멜기세덱을 만나서 십일조를 바친 것을 통해 이 사실을 확인할 수 있습니다. 십일조가 보편적이었다는 사실입니다. 십일조 하는 것을 유별난 것으로 생각해서는 안 된다는 말입니다. 한국 교인들이 십일조를 잘 했기 때문에 교회가 부흥 성장한 것이 사실입니다. 그런데 어느 순간 헌금 설교에 눈을 찌푸릴 뿐만 아니라 교회를 향한 헌신이 점차 사라지고 있습니다. 교회가 문을 닫을 상황이 곧 도래할지 모르겠습니다. 레위인들이 먹을 것이 없어서 이곳저곳 기웃거리던 사사 시대의 어두운 상황처럼 말입니다. 우리가 복음 사역을 위해 최선을 다해 협력해야 하겠습니다. 우리는 십일조만이 아니라 모든 것이 하나님의 것임을 고백하며 실천해야 하겠습니다.

5
매주 성찬을
주장하는 이들이 있습니다

요즘 예전에 관심을 가지는 이들이 많습니다. 그런데 이런저런 예전을 무분별하게 따라 하는 것 같아 마음이 불편하기도 합니다. 국적 불명의 것들을 무분별하게 수입하는 것 같은 모습 말입니다. 성찬식을 매 주일마다 해야 한다고 말하는 것이 그중에 하나가 아닐까요? 종교개혁은 로마 교회의 미사를 거부하지 않았습니까? 대신에 말씀 중심의 예배를 회복하지 않았습니까? 그런데 왜 로마 교회처럼 예배 때마다 성찬식을 하려고 합니까? 매주 성찬은 설교의 위상을 떨어뜨리지 않겠습니까? 설교에 자신이 없어서 그런 것일까요?

매 주일 성찬을 주장하는 것이 지나치지 않냐고 물었죠? 그것은 로마 교회를 닮아 가려는 것이 아니냐고 말입니다. 형식적인 측면에서는 그렇게 보일지 모르겠습니다. 우리 개신교회는 성례보다 말씀을 더 앞세우니 말입니다. '말씀과 성례'라는 표현이 말하듯이 항상 말씀이 먼저입니다. 성례는 말씀 다음입니다. 종교개혁은 이 순서를 고집했습니다. 말씀이 아니고서는 성례가 미신적일 수밖에 없으니까요. 그래서 말씀 없는 예배, 즉 설교 없는 예배는 있을 수 없지만 성찬 없는 예배는 얼마든지 가능했습니다.

개신교회 예배에서 설교가 빠지면 예배가 아닙니다. 목사는 설교자입니다. 좀 과장된 표현이지만 목사는 설교만 잘하면 됩니다. 이것으로 인한 폐단이 나타나고 있습니다. 신자들은 설교에 목을 맵니다. 예배는 설교를 위해서 존재합니다. 교인들은 설교를 잘하는 목사를 찾아서 교회를 수시로 옮깁니다. 자기 귀에 즐거운 소리가 들리지 않으면 언제든지 교회를 옮길 준비를 하고 있다고 할까요? 그래서 목사는 더더욱 설교를 잘해야 한다는 엄청난 압박을 받습니다.

고대 교회는 달랐습니다. 고대 교회에서는 말씀 예배와 성찬 예배의 2부 예배를 했습니다. 말씀 예배에는 믿지 않는 이들도 참여할 수 있었습니다. 그런데 말씀 예배가 끝나고 나면 세례받지 않은 사람을 예배당에서 다 쫓아내었습니다. 교회 주위에서 얼씬거리지 못 하게 했습니다. 성찬 예배가 시작되는 자리에는 오직 세례자만 남았습니다. 성찬 예배는 믿지 않는 이들에게는 철저하게 비밀로 감추어졌습니다. 이런 비밀스러움 때문에 온갖 억측이 난무하곤 했습니다. 성찬식 때 유아 살해가 일어난다느니, 동성애를 조장한다느니 하는 소문들도 그중 하나였습니다.

중세 교회는 2부 예배를 하나의 예배, 즉 미사 위주의 예배로 바꾸었습니다. 종교개혁은 미사에 대해 철저한 반대를 표명했습니다. 미사는 우상 숭배에 불과하다고 말입니다. 개신교회는 성찬을 자주 시행하지 않게 됩니다. 설교만 있으면 된다고 생각합니다. 당시 상황에서는 그럴 수밖에 없었을지 모르겠습니다. 놀랍게도 개혁자 칼뱅은 성찬을 자주 행하기를 원했습니다. 매주에 한 번은 성찬을 행하는 것이 좋다고 말했습니다. 성찬은 설교와 더불어 은혜의 방편이기 때문입니다. 성찬을 자주 행하지 않는 것은 예배의 많은 부분을 잃는 것입니다. 성찬을 자주 행하는 것이 지나친 것이 아니라 자주 행하지 않는 것이 지나친 것입니다.

요즘 한국 교회의 설교는 복음적인 것에서 멀어지고 있는데요. 설교에 대한 지나친 자신감이 크게 작용합니다. 설교가 복음적이 되기 위해

서라도 성찬을 자주 행하는 것이 좋겠습니다. 성찬을 자주 하면 설교가 복음적일 수밖에 없습니다. 성찬은 그리스도를 가리키기 때문에 성찬이 있는 예배에서 설교가 그리스도를 떠날 수 없습니다. 로마 교회를 따라 하기 위해 성찬을 자주 행하는 것이 아닙니다. 말씀이 말씀답기 위해서라도 성찬을 자주 행하는 것이 좋겠습니다.

그래도 성찬식을 매 주일 해야 한다고 주장하는 것은 지나친 것이 아니냐구요? 너무 번거롭기도 하고요. 하지만 번거로움에 비하면 성찬의 효과가 너무나 큽니다. 성찬의 의미를 잘 배우고, 성찬을 자주 행하는 것이야말로 보편 교회를 지향하는 길이 될 것입니다. 개신교회는 로마 교회에 반발하고, 그들의 잘못에 기생(?)하는 교회가 아닙니다. 성찬에서는 로마 교회가 개신교회보다 한 발 앞선다고 말해서는 안 됩니다. 우리 개신교회가 보편 교회라면 성찬에서도 로마 교회를 도울 수 있습니다. 성찬은 파도 파도 끝없는 광맥이며, 영원히 마르지 않는 샘물입니다. 성찬이 설교를 얼마든지 도울 수도 있습니다.

6
흰 장갑을 끼고,
흰 보로 덮는 것이 이상합니다

성찬식이 있을 때 그 상 전체를 흰 보로 덮어 둡니다. 그리고 성찬을 수종 드는 장로님들은 흰 장갑을 낍니다. 흰 장갑을 끼면 손의 감각이 무디어져서 분병과 분잔하는 것을 돕기는커녕 실수하기도 쉬운데요. 저는 이게 아무리 생각해도 이상합니다. 저만 이렇게 생각하는지 모르겠지만 저는 장례식을 연상할 수밖에 없습니다. '아, 성찬식은 장례식이구나'라는 생각이 번뜩 듭니다. 성찬식을 정갈하게 진행함을 보이기 위해 흰 보를 덮고, 흰 장갑을 끼는지 모르겠는데, 그 상은 식탁임을 보여야 하지 않을까요? 제단이 아니라 식탁 말입니다.

성찬상을 어떻게 준비할지를 먼저 생각해 보겠습니다. 일반적으로 아래 강대상이라고 하는 것이 바로 성찬상인데, 평상시에는 이것을 전혀 눈치채지 못하고 사회상으로 씁니다. 저는 강대상만이 아니라 성찬상을 강단 위에 배치하는 것이 좋다고 생각합니다. 여기에다가 세례대까지 있다면 금상첨화이지요. 설교단, 성찬상, 세례대가 같이 있다면 은혜의 방편 전부를 분명하게 볼 수 있는 것 아닙니까? 예배당 성구(거룩한 가구)에서부터 우리는 은혜의 방편을 보이고 시위하는 것이 좋겠습니다. 예배당 구조에서 이 세 가지 성구를 긴밀한 방식으로 배치하는 것이 좋겠습니다.

성찬식이 있는 경우에는 성찬상 위에 흰 보를 덮고 그 위에 떡과 잔을 배치합니다. 그러고는 그 떡반과 성작(聖爵)을 다시금 흰 포로 덮습니다. 그 흰 보에 빨간 글씨로 '나를 기념하라'는 글귀를 새기기도 합니다. 사실, 로마 교회에서는 성작의 뚜껑이 없습니다. 그래서 그것을 폭이 넓지 않은 흰 보로 덮어 놓습니다. 이것은 그 잔이 주님의 거룩한 피로 바뀌기 때문에 그 성작에 다른 이물질이나 날파리들이 빠지지 않도록 하기 위함입니다. 우리는 굳이 그렇게 할 필요가 없습니다. 성작의 뚜껑이 있기도 하고요.

떡반과 성작이며 성찬상 전체를 흰 보로 덮어 버리는 것은, 지적하셨듯이 시신이 놓이는 관을 연상시키기도 합니다. 성찬을 수종 드는 장로들께서 흰 장갑을 끼는 것도 그렇고요. 흰 장갑을 끼면 아무래도 손의 감각이 무디어져 떡반과 잔을 나르면서 떨어뜨리거나 실수하기 쉽습니다. 그렇다면 굳이 예식을 거룩하게 보여야 한다는 생각에 흰 장갑을 끼지 않아도 될 것입니다. 그냥 맨손으로 떡반과 잔을 회중에게 돌려도 됩니다.

로마 교회에서는 건물부터 시작하여 눈에 보이는 것들이 많습니다. 시각에 호소하는 것들이 많습니다. 하지만 우리 개신교회에서는 눈에 보이는 것이 성례, 즉 세례와 성찬만 있다고 할 수 있습니다. 성찬상 자체는 흰 포로 덮더라도 떡반과 성작은 예배 시작 시부터 온 회중이 볼 수 있도록 개방하는 것이 좋겠습니다. 떡과 잔을 처음부터 보도록 하는 것이 좋겠습니다. 비밀스럽게 덮어 두었다가 선보이는 방식이 아니라 감추어졌던 비밀이 그리스도를 통해 드러났으니 처음부터 보라고 하는 것이 좋습니다.

하나님의 백성들은 말씀을 들을 뿐만 아니라 이제 눈으로 보기도 합니다. 눈으로 볼 뿐만 아니라 만지고 우리의 혀로 맛보기도 합니다. 우리는 로마 교회처럼 떡과 잔이 그리스도의 살과 피로 바뀐다고 생각하지 않지만 우리는 그리스도를 실제적으로 먹고 마십니다. 그리스도께서는 우리를 위해 먹히러 오신 분입니다. 신자는 성찬식에 참여하여 그리스도의 몸이 됩니다. 온 회중이 그리스도의 몸이 되고, 신자 개개인은 그 몸의 지체가 됩니다. 하늘에 계신 교회의 머리와 이 땅에 있는 그리스도의 몸이 합체하는 시간이 성찬식입니다. 이게 바로 보이는 신비입니다.

성찬상은 제물을 올려놓는 제단이 아니라 먹고 마시는 식탁입니다. 우리는 차려진 음식을 볼 뿐만 아니라 맛을 봅니다. 성찬상은 비밀이 아니라 계시입니다. 그리스도를 숨겨 두지 마십시오. 그리스도께서는 우리에게 밝히 나타나셨습니다. 우리의 시선을 확 잡아끄는 이 세상 모든 화려함보다 더 고상한 아름다움이 있습니다. 그리스도께서 자신의 몸과 피를 우리를 위해 찢어 주시고 흘려 주셨습니다. 신자는 듣기만 하는 것이 아니라 이제 보기도 합니다. 시각장애인이 눈을 떠서 감격적으로 '제가 이제는 봅니다'라고 말하듯이 우리는 아름다운 그리스도를 기뻐하고 생생하게 누립니다. 성찬식에 근심은 조금, 기쁨은 많이 있어야 합니다. 성찬상을 조금 더 일상 쪽으로 당겨 와야 하는 것도 필요하고요.

7
어린이가
성찬에 참여해도 됩니까?

입교하지 않은 어린이들도 성찬에 참여시켜야 한다는 주장이 있던데요. 유아세례 받은 그때부터가 아니라 초등학생 정도가 되면 가능하다는 주장입니다. 아무것도 모르는 유아에게 세례를 주었기에 동일한 관점에서 성찬 참여를 허락해야 한다는 주장인 듯한데요. 그래도 입교하지 않은 어린이들에게 성찬 참여를 허락하는 것은 지나치지 않습니까? 반대로, 예전에 고신 총회에서 입교한 학생들에게 공동의회 투표권을 주지 않는 것에 대한 문제 지적을 보았는데요. 입교했으면 공동의회 투표권을 주는 것이 당연하고요.

한국 교회에서는 유아 성찬, 혹 어린이 성찬이 논쟁거리가 아닌데 미국의 개혁 교회와 장로교회에서는 이것을 가지고 지금까지 논쟁하고 있습니다. 유아에게 성찬을 베풀 수 있다는 쪽과 베풀어서는 안 된다는 쪽이 맞서고 있습니다. 물론, 참여시켜서는 안 된다는 쪽이 우세합니다. 소위 말하는 입교식이 성찬 참여를 허락하기 위한 성례이기에 그 전에 참여시켜서는 안 된다는 쪽이 우세합니다. 유아에게도 성찬 참여를 허락한다면 굳이 입교식을 할 이유가 어디 있느냐는 것이지요.

지적하셨듯이 아무것도 모르는 유아에게 세례는 베풀면서 왜 성찬을 베풀지 않냐는 주장이 끊임없이 제기됩니다. 세례는 허락하고, 성찬은 허락하지 않는 것이 불공평하다는 것입니다. 언약 백성의 표징인 세례와 성찬을 동시에 누리게 하는 것이 합당하다는 주장입니다. 둘 다 참여하게 하든지, 둘 다 참여하지 못하게 하든지 해야 하지 않냐고 주장합니다. 아니, 하나님의 언약 백성이라면 언약의 표징을 다 같이 누리는 것이 합당하다는 주장입니다. 일리가 있습니다.

재세례파(지금의 침례교)는 유아세례를 인정하지 않습니다. 그들은 판단하고 믿을 능력을 무엇보다 중요하게 생각합니다. 그런데 우리는 판단 능력이 없는 유아에게 세례를 베푸는 것이 합당하다고 믿습니다. 믿는 부모에게서 태어난 자녀들을 불신자들의 자녀들과 구별시키는 것이 합당하고, 그들이 언약 백성이라는 표를 받는 것이 합당하기 때문입니다. 유아세례는 우리의 믿음 이전에 하나님의 약속이 있음을 시위하는 것이기에 너무나 은혜로운 예식입니다. 우리는 모든 것이 나의 믿음과 고백에 달렸다고 하는 '믿음주의'를 경계해야 합니다. 그렇다면 유아에게 성찬을 베푸는 것도 허락해야 하지 않을까요? 세례를 받았으니 성찬도 당연히 받아야 하는 것이 아닙니까? 우리 자녀들이 언약을 누릴 권리를 왜 제한시킵니까?

유아세례 받은 이들에게 성찬 참여를 허용하지 않는 것은 완전한 언약 백성으로 인정하지 않는 것이 아닌가 하는 의문에 답해야 합니다. 사실, 입교라는 말이 오해를 줄 수 있습니다. 입교는 말 그대로 교회에 들어오는 즉, 회원이 되는 예식이라는 뜻이니까요. 입교해야 비로소 교회 회원이 되는 것이라고 한다면 문제가 있습니다. 유아세례로 이미 부모와 마찬가지로 언약 백성이 되었기 때문입니다. 그래서 유럽에서는 입교식을 '공적 신앙 고백'이라고 부릅니다. 자신의 입으로 공적으로 신앙을 고백하는 것이기 때문입니다.

성찬도 언약 백성이라면 누구나 누릴 당연한 권리이지만 성찬과 세례에는 다른 측면이 있습니다. 세례는 수동적으로 받는 것이지만 성찬은 적극적으로 참여하는 것입니다. 언약 백성들과 함께 먹고 마시기 때문입니다. '자기를 살핀 후에' 성찬에 참여해야 하기 때문입니다(고전 11:28). 성찬은 자기를 살필수록 더 큰 유익을 얻습니다. 살피는 것이 자기 내면을 엄밀하게 성찰하는 것 정도가 아니라 자신이 그리스도의 십자가와 부활을 얼마나 열망하는지를 확인해야 합니다. 죄가 있다면 철저하게 회개해야 하고요. 그래서 웨스트민스터 대교리문답 제177문답은 성찬이 '스스로를 돌아볼 수 있는 능력과 나이에 도달한 자들'에게만 허용된다고 말합니다.

고신 헌법에서는 세례와 입교를 14세 이상에게 허용하고 있기 때문에 14세까지는 성찬에 참여할 수 없습니다. 초등학생이면 이미 알 만큼 다 안다고 생각한다면 부모와 함께 성찬상에 나아가서 지켜 보며 그 은혜를 누릴 날을 기다리는 것이 좋겠습니다. 공적 신앙 고백할 때까지 성찬 참여를 허락하지 않는 것은 언약 백성됨을 유보시키는 것이 아니라 언약 백성됨을 더 풍성하게 누리기 위해 조금 기다리게 하는 것입니다. 이것만큼 복된 기다림이 없습니다.

8
세례를
다시 받으면 안 됩니까?

군대에서 집단 세례식을 통해 뭣 모르고 세례를 받았습니다. 세례 받아 보지 않겠냐는 말에 아무 생각 없이 그냥 세례를 받았습니다. 그런데 제대하고 교회에 출석하면서 세례의 의미를 제대로 배우기 시작했는데요. 내가 세례를 잘못 받았다는 생각이 들었습니다. 이제 세례의 의미를 분명하게 알았으니 세례를 다시 받고 싶습니다. 그런데 세례는 평생 한 번만 받는 것이기에 다시 받을 수는 없다는 말을 듣고 섭섭했습니다. 세례를 단 한 번만 받아야 한다는 주장은 세례를 미신적으로 생각하는 것이 아닐까요? 우리는 지속적으로 세례의 의미를 새롭게 해야 하는 것이 아닐까요?

세례를 다시 받으면 안 되냐고 물었죠? 먼저 답을 하겠습니다. 다시 받으면 안 됩니다. 아무 생각 없이 세례를 받았는데 그 의미를 알았으니 이제 다시 세례를 받고 싶다고 하는데 왜 받아서는 안 된다고 합니까? 언급하셨듯이 그것이야말로 세례를 미신적인 예식으로 생각하는 것이 아닙니까? 아닙니다. 세례를 다시 받지 말아야 한다고 주장하는 것은 세례를 마술처럼, 부적처럼 생각해서가 아닙니다.

　사실, 세례 받은 사람들 중에는 구원받지 못할 사람들도 있을 것입니다. 세례가 성례이기는 하지만 세례받았다고 해서 자동적으로 구원받은 것이라고 말하면 안 됩니다. 세례에서 중요한 것은 삼위 하나님의 이름과 그 이름에 담겨 있는 온갖 약속입니다. 세례는 베푸는 사람에 따라서 좌우되지 않습니다. 심지어 받는 사람의 태도에 따라서 결정되는 것도 아닙니다. 그런데 로마 교회는 세례의 자동성을 믿기에 긴급한 순간에는 사제가 아닌 일반 교인들도 세례를 베풀 수 있도록 허락했습니다. 어쨌든 세례를 받아야 하니까요. 그래야 구원받으니까요. 이것이야말로 미신적인 태도라고 해야 할 것입니다.

이유가 다양할 수 있지만 세례를 다시 받아야 한다고 주장하는 이들을 총칭해서 '재세례파'라고 부릅니다. 종교개혁의 분파 중에 한 부류가 바로 재세례파입니다. 이들은 개인의 결단과 믿음을 무엇보다 강조했습니다. 이들은 유아세례를 인정하지 않았습니다. 아이가 아무것도 모르니까 세례를 줄 수 없다는 것입니다. 그래서 나중에 성인이 되어서 유아세례 받은 이들에게 다시 세례를 베풀었습니다. 그래서 그 이름이 재세례파가 되었습니다. 그들은 자신들에게 붙여진 딱지를 결코 인정하지 않을 것입니다. 그들은 믿음 지상주의자들입니다. 하나님의 약속이 먼저임을 이해하는 것이 이토록 중요합니다. 침례교회가 재세례파의 후예입니다.

세례를 다시 받고 싶다는 마음을 이해하지 못하는 것이 아닙니다. 언급했듯이 군대에서 세례받으라고 하니까 그냥 세례를 받았는데, 세례가 무슨 뜻인지 알고 난 다음에 안타까운 마음이 들었을 것입니다. 이제 세례의 의미를 제대로 알았으니 예전 세례를 취소하고 다시 세례받고 싶은 마음이 들 것입니다. 사실, '세례가 미신적인 것이 아니라면 다시 세례받는 것을 무조건 거부할 필요가 있을까'라는 생각이 들기도 합니다. 하지만 그렇게 하면 안 됩니다. 지금 깨달은 세례의 의미를 가지고 자신이 예전에 받았던 세례를 회상하면 됩니다. 내가 언제 구원받았냐를 가지고 고민할 필요도 없습니다.

현실적인 문제도 있습니다. 사람이란 존재가 약합니다. 다시 세례를 받으면 자신의 감정과 체험이 앞서고 하나님의 약속을 뒷전으로 몰아낼 가능성이 큽니다. 자신의 감정을 새롭게 하기 위해 다시 세례받고자 하는 마음을 가지기 쉽습니다. 두 번째의 세례로 끝나는 것이 아니라 세 번, 네 번의 세례를 받고자 할 수도 있고, 그게 아니더라도 다른 특별한 체험을 의지하게 될 가능성이 크기 때문입니다. 그리스도께서 영 단번 십자가에 달려 돌아가심으로 우리의 구원을 이루어 주셨음을 한 번의 세례로 인치고, 그 약속을 신뢰하는 것이 중요합니다. 사실, 우리는 평생 세례의 의미를 온전히 알지 못한 채 신앙생활할 것입니다. 그 정도로 세례는 우리가 충분히 알고 다 누리지 못하는 그 무엇이기도 합니다. 단 한 번의 세례를 평생 우려먹고(?) 사는 삶, 그것이 신자의 삶입니다. 세례로 태어난 신자는 세례로 계속 태어납니다. 한 번의 세례가 신자를 평생 새롭게 합니다.

4
예식

1
<u>임직식에 부인들이
같이 서약하는 것이 맞나요?</u>

마처 지키지 못한
친구같은 동역자,
한 가정의 위원한 쉼터요, 한 남편의
국보인 그대여.
직분자 아녜요, 노예도 아니라.
분 바르지 않아도 예쁜다오. 그대는 내 아내.

임직식에 가면 임직자의 부인이 화사한 한복을 입고 있는 것을 봅니다. 보기 좋습니다. 임직을 받는 남편 옆에 앉게 하는 것까지도 괜찮다고 생각합니다. 하지만 임직 순서 중 서약하는 시간에 임직자의 부인도 같이 서게 하는데 이 것은 영 아니다 싶습니다. 아무리 부인이 임직받는 남편을 도와야 한다고 하더라도 임직은 함께 받는 것이 아니라 개인이 받는 것인데요. 배우자와 함께 임직을 하는 것이 아니지 않습니까? 남편을(혹 아내를) 잘 도우라고 하는 것인지 모르겠는데 이것은 빨리 없애야 하지 않을까요?

우리나라는 가족을 무척이나 중시하는 사회입니다. '가족주의'라고 표현할 수 있을 정도입니다. 가족주의는 자기 가족만을 신경 쓰는 것으로 나타납니다. 가족의 잘못은 아무리 크다고 하더라도 눈감아 줍니다. 그런데 이렇게 가족을 무엇보다 우선시하는 가족주의는 가족을 하나로 묶어서 동원하는 시스템으로 발전했습니다. 남편이 하는 일에 부인까지 동참하여 도와야 한다고 생각합니다. 회사가 어떤 사람을 고용하면 그 사람만이 아니라 부인을 포함한 가족까지 고용했다는 생각을 하기도 합니다. 아내도 남편의 일을 적극적으로 분담해야 한다고 생각합니다. 상급자의 부인은 하급자의 부인을 마음대로 부려 먹기도 합니다.

개인주의가 발달한 서구에서는 이런 것을 꿈에도 생각하기 힘듭니다. 한국 기업의 유럽 지사에서 현지인들을 고용한 후에 어려움을 호소하는 경우가 많습니다. 아무리 돈을 주겠다고 해도 일을 많이 하려고 하지 않기 때문입니다. 아내의 생일이라고 회사에 빠지기도 하고, 아이들 통학시켜 주어야 한다고 회사에 늦기도 하고요. 가족의 이런저런 행사 때문에 종종 결근도 합니다. 그래서 일 좀 제대로 하자고 하면 말한답니다. 우리는 당신들처럼 일할 수 없다고요. 당신들은 아내와 가족이 전적으로 지원해 주지 않느냐고요. 우리는 당신들처럼 일하면 당장 이혼당한다고요. 집에서 쫓겨난다고요.

우리네 임직식에서 가족들의 축하가 두드러집니다. 가족이 전부 동원되어서 기뻐합니다. 남편의 임직을 아내와 자녀가 축하합니다. 부모도, 친척도 축하합니다. 아내의 경우에도 마찬가지입니다. 남편과 자식이며, 부모들이 축하하러 옵니다. 이런 축하가 잘못된 것이 아닙니다. 세상의 높은 자리 하나를 얻는 것보다 교회에서 직분자가 되는 것만큼 영광스러운 것이 없기 때문입니다. 하나님께서 직분자를 통해 교회를 다스리시기에 교회의 직분만큼 영광스러운 것이 없습니다. 고난의 자리이기도 하지만 말입니다.

문제는 언급하셨듯이 배우자가 같이 서약하도록 하는 것입니다. 이것은 잘못되었습니다. 부인이 남편의 직분 수행을 적극적으로 도와야 하는 것이 사실입니다. 서약 시에 같이 일어서게 해서 남편을 확실하게 도와야 함을 분명하게 인식시키려고 한다는 것을 모르지 않습니다. 하지만 서약은 직분을 받는 그 사람의 문제입니다. 다른 사람이 이 서약을 대신할 수도 없고, 함께해서도 안됩니다. 같이 손들고 서약하는 것이 아니고 그냥 같이 서라고 하는 것도 안되냐고 할 텐데 그조차도 안됩니다. 같이 설 필요가 없습니다. 같이 서는 것은 같이 서약한다는 뜻이 되기 때문입니다. 같이 나란히 앉힐 수는 있을 것입니다. 하지만 서약할 때는 당사자만이 일어서서 서약해야 합니다. 서약에 가족을 참여시키는 것은 합당하지 않습니다.

서약 시에 신구약 성경 말씀이 하나님의 말씀이며, 신앙과 행위에 대하여 정확무오한 법칙으로 믿는다고 서약합니다. 장로교 교리 표준(웨스트민스터 표준 문서들)을 따르겠다고 서약합니다. 또한 장로교 관리 표준(예배 모범, 교회 정치, 권징 조례)을 정당한 것으로 승낙한다고 서약합니다. 이 서약대로 충실하게 직분 수행을 해야 신자의 구원이 확실해지고, 교회가 그리스도의 몸으로 우뚝 설 수 있기 때문입니다. 그리고 교단의 교회가 한 교회가 될 수 있기 때문입니다. 서약 없이 직분을 받을 수 없고, 그 서약에 충실할 때에 비로소 교회와 신자가 존재합니다. 우리는 임직식에서 서약하는 내용이 무엇인지를 잘 보고, 우리 자신도 그 서약에 동참하는 마음으로 참여해야 하겠습니다. 서약을 통해 세워진 직분자는 모든 신자들을 하나님께 참되게 서약하는 자로 세웁니다. 서약하는 자가 서약하는 자를 만들 수 있습니다.

2
추도 예배를
왜 합니까?

예배란 하나님께 최고의 것을 드리는 행위라고 배웠습니다. 그런데 돌아가신 분을 추도하기 위한 예배를 드립니다. 이것이 가당키나 한 일입니까? 추도와 예배라는 말을 같이 붙여 놓는다는 것이 너무나 우스꽝스러운데요. 하기야 우리는 주일에 '어린이 주일', '어버이 주일' 등을 다니 예배에 '추도 예배'라는 이름을 붙이는 것도 이상하지는 않습니다. 고인을 추도하는 것에 예배라는 이름을 붙이는 것이 정당한지 속 시원하게 답을 해 주시면 좋겠습니다. 제 개인적으로는 이게 무속의 영향 때문이라는 혐의를 두고 있지만 정확하게 알고 싶네요.

돌아가신 분에 대한 추도는 동양 문화에서 아주 중요한 부분입니다. 제사를 지내는 것이 대표적인 모습입니다. 죽은 자의 혼령을 위해 제사 지내는 것이 살아 있는 후손들의 책임이며, 그것이 복 받을 수 있는 길이라고 생각합니다. 물론, 유교에 이런 문화가 처음부터 있었던 것이 아니라 샤머니즘의 영향으로 자리 잡았다고 말하는 이들이 많습니다. 공자가 했다는 말, '산 자를 섬기는 것도 잘 모르겠는데 귀신을 섬기는 것을 어떻게 알겠는가?'는 유명합니다.

지적하셨듯이 한국 교회에서는 추도 예배라는 것을 시행해 오고 있습니다. 유가족의 요청으로 교역자가 그 예배를 인도합니다. 추도 예배라는 이름으로 목사가 유족들, 그리고 참여한 교인들과 함께 이 예배를 합니다. 고인의 기일이 되면 가족의 요청으로 이 예배를 하는데 매 해 추도 예배를 드려 달라고 요청하는 경우도 있습니다. 몇 년이 지나면 교회에 요청하지 않고 가족 스스로 간단한 모임을 가지는 경우도 있습니다.

우리는 추도 예배라는 이름을 붙이는 것을 먼저 생각해 보아야 합니다. 예배는 하나님의 모든 백성들이 함께 참여하여 말씀과 성례가 시행되는 자리입니다. 그렇다면 추도 예배라는 이름을 굳이 붙이더라도 그것은 공예배가 아닌 가족의 일임을 아는 것이 좋겠습니다. 개혁 교회는 결혼식을 교회적인 일로 생각하면서 예배 형식을 취해 혼인식을 행하지만 장례식은 철저하게 가족의 일로 생각합니다. 장례 예배라는 이름을 붙여도 그것은 교회의 공적인 예배와는 다르다는 말입니다. 교회가 장례식에 개입하지 않겠다는 것이 아니라 공적인 예배로 보지 않는다는 말입니다.

로마 교회는 죽은 자와 산 자의 연결을 강조합니다. 중세 교회가 면벌부를 판매한 것에는 연옥에 가 있는 조상들의 영혼을 건지기 위한 목적도 있었습니다. 반대 방향의 움직임도 있었습니다. 로마 교회는 성인이 된 이들의 날을 정해서 축하하므로 살아 있는 자들이 그 성인의 은덕을 힘입을 수 있다고 생각했습니다. 산 자와 죽은 자가 같은 세상에 속해 있다고 믿는 것이 그렇게 나쁜 것이 아님에도 불구하고 죽음 이후에는 산 자는 죽은 자에게 결코 관여할 수 없다는 것을 아는 것이 중요합니다. 장례식과 추도식은 죽은 자를 위한 것이 아니라 철저하게 살아 있는 자들을 위한 것입니다.

추도의 모임을 가진다면 그 요소가 무엇이 되어야 하겠습니까? 찬송과 기도, 그리고 권면의 말씀을 할 수 있습니다. 특히 중요한 것은 권면의 말씀인데 고인을 칭송하거나 그분을 본받자고 해서는 안 될 것입니다. 고인을 추도하는 것을 통해 살아 있는 자들이 복을 받을 것이라고 생각하는 것도 미신입니다. 추도의 모임은 살아 있는 이들이 하나님 앞에서 더 감사하며 살아가자고 격려하는 것이어야 합니다. 돌아가신 분에 대해 추억하는 것을 전혀 해서는 안 된다는 말이 아닙니다. 교역자의 인도에 모든 것을 내맡기는 것이 아니라 유가족이 돌아가신 분에 대해 추억하는 말을 하면서 남은 자신들이 어떻게 하나님과 이웃을 섬길 것인지 다짐하는 시간으로 삼아야 할 것입니다.

가족이나 친척들 중에 믿지 않는 이들이 많기 때문에 제사 대신에 추도의 모임을 가지면서 음식을 차려서 먹는 경우도 있습니다. 한편, 돌아가신 분이 믿지 않은 분이었을 경우에 추도 모임을 가질 수 있을까요? 그런 경우에는 돌아가신 분을 생각하면서 어떤 위로와 격려를 받을 수 있을지 의문입니다. 일본에서는 믿지 않는 이들의 장례식마저 교회에서 치루어 줌으로 복음을 전하는 계기로 삼아야 한다고 주장하기도 합니다. 여기까지 나아갈 수 있을까요?

3
신자의 혼인식에 주례가 없다니요?

교회 청년의 혼인식에 기도해 달라는 부탁을 받고 참석했는데
주례자가 없이 혼인식이 진행되는 것을 보고 깜짝 놀랐습니다. 신자가 혼인하
면서 예배당이 아닌 혼인식장에서 하는 것도 여러 가지 어려움을 야기하는데,
이제는 주례자도 없이 혼인식이 진행됩니다. 쉽게 말하자면 예배 형식을 취하
지 않고 사회자가 재미 위주로 혼인식을 진행하면서 목사가 중간에 기도만 떡
하니 해야 하는 상황이었으니 참 당황스러웠습니다. 제가 그런 상황을 미리 알
았다면 기도하지 않겠다고 했을 것입니다. 그런데 앞으로는 이런 일이 종종 있
겠다 싶은데요. 어떻게 해야 할까요?

혼인식은 참으로 중요합니다. 한국 문화에서 혼인식은 혼인하는 당사자
의 일일 뿐만 아니라 혼주와 친척 전체의 일입니다. 혼인에 개입된 이들
이 많기 때문에 혼인하기까지 너무나 어려운 것이 사실입니다. 예단 문
제로 파혼하는 경우도 생기고 말입니다. 혼인식 하기 전에 너무나 많은
신경전을 벌이고, 너무나 많은 싸움을 합니다. 평생에 걸쳐 싸울 싸움의
불씨가 여기서 뿌려집니다. '처음 해 보는 것이라 서툴다'는 말과 더불어
'혼인을 결코 두 번은 못하겠다'는 우스개 말에 혼인해 본 이들이라면 누
구라도 공감할 것입니다.

신자는 혼인식장에서 혼인하는 것을 재고해 보아야 합니다. 식장의

분위기, 그리고 특히 식당의 문제 때문에 어쩔 수 없이 혼인식장을 빌려야 할 형편일 때는 주례자와 상의해서 혼인식이 잘 진행될 수 있도록 노력해야 합니다. 혼인식장에서는 예배 형식을 취하기가 너무나 어렵기 때문입니다. 식장 안이 말 그대로 도떼기시장처럼 시끌벅적하기 때문입니다. 저도 혼인식장에서 주례를 하면서 당황스러운 경우를 경험했는데요. 혼인식이 2시간 간격으로 예약되어 있었습니다. 혼인식장 쪽에서는 이후의 혼인식 준비를 위해 1시간 안에 혼인 예식이며, 사진 촬영까지를 다 해야 한다고 생각하면서 진행하고 있었습니다. 예식을 인도하는데 '주례자님, 멘트가 너무 깁니다', '주례자님, 말씀이 너무 깁니다'라는 말이 적힌 종이가 올라오곤 했습니다.

문화 사역에 관심이 있는 어떤 분이 이런 안타까운 상황을 우려하면서 신자의 혼인식을 위한 건물을 짓고 싶어 한다는 말을 들었습니다. 그곳에 기독교 그림 등을 전시하고, 말 그대로 기독교 문화를 선보이기 위한 모델을 만들고 싶다는 것입니다. 평생에 한 번밖에 할 수 없는 혼인식을 너무나 정신없이 상술에 끌려 진행하는 것이야말로 얼마나 안타까운 일입니까? 혼인식에 참석한 하객들도 혼주에게 얼굴을 비치고 부조를 하고는 바로 식당으로 달려가니 세상에 무슨 이런 일이 있습니까?

로마 교회는 혼인식이 성례이기 때문에 무엇보다 신경을 씁니다. 본당 주임 신부가 혼인 문서를 작성합니다. 혼인할 이들을 불러서 양쪽이 다 신자인지 확인합니다. 양쪽이 다 세례를 받아야 '성사혼'이 됩니다. 한쪽이 세례자가 아닌 경우에는 미신자를 관면해야 하기에 '관면혼'이라고 부릅니다. 그 다음에는 혼인 당사자를 각각 따로 불러서 진술서를 작성하도록 합니다. 흥미로운 것이 혼인의 무효 조건이 될 수 있는 것을 분명하게 언급한다는 점입니다. 성교 불능 장애, 사기에 따른 결혼, 조건부 혼인 등은 혼인 무효의 조건임을 밝힙니다.

우리 기독교회가 로마 교회만큼도 혼인식을 합당하게 치르지 못해서야 되겠습니까? 당회가 혼인식에 관여해야 합니다. 혼인 당사자는 당회 앞에 나와서 혼인에 대해 분명하게 밝히고 그 준비와 혼인식에 대해 상의해야 합니다. 혼인식을 성례라고 보지 않기에 우리가 혼인식을 성경적으로 치르지 않아도 되는 것은 아닙니다. 혼인은 하나님 앞에서 신자들이 하나가 되는 거룩한 예식이기 때문에 무엇보다 아름답게, 그리고 단정하게 이루어져야 합니다. 혼인식 분위기를 띄우기 위해 목사의 주례 없이 혼인 당사자의 지인이 모든 순서를 진행하는 것은 바람직하지 않습니다.

개혁 교회에서는 혼인 예식문을 만들었습니다. 장례 예식문은 만들지 않았지만 말입니다. 이것은 혼인이 혼인 당사자의 문제에 불과한 것이 아니라 교회적인 사안임을 분명하게 밝힙니다. 주례자가 혼인 예식문을 그대로 읽기만 해도 혼인식의 의미가 온전하게 드러납니다. 당회는 혼인할 당사자들에게 이 혼인 예식문을 공부시키는 것이 좋겠습니다. 그러면 혼인의 의미를 분명하게 알게 될 것이기 때문입니다.

4
<u>장로가 안수에
동참해도 됩니까?</u>

목사와 장로, 그리고 집사의 임직식을 '장립식'이라고 부르던데요. 장립이라는 말이 무슨 뜻입니까? 임직식이나 안수식이라고 부르는 것이 낫지 않을까요? 모든 직분자 임직 시 목사가 안수를 하는데요. 목사의 안수식에는 장로가 참여하면 안 되는 것입니까? 안 된다면 그 이유가 무엇입니까? 장로와 집사의 안수식에는 목사 외에 장로가 참여할 수 있습니까? 누가 안수하는지가 그렇게 중요합니까? 저는 누가 안수하는지보다 왜 안수하는지가 더 궁금합니다. 안수를 하면 그때부터 직분을 감당할 힘이 생깁니까? 안수가 꼭 필요합니까?

장립이라는 말을 장로의 경우에만 적용되는 것으로 생각하곤 합니다. 같은 '장' 자로 시작하기 때문입니다. 그런데 장립(將立)이란 한자어를 보면 '긴 장' 자가 아니라 '장군 장' 자입니다. 그렇다면 장립이란 장군으로 세운다는 말일까요? 직분자는 하나님의 전쟁을 앞장서 수행하는 장군이라는 뜻으로 생각하는 이들이 있는데, 이 장립이라는 말은 '안수식' (ordination)을 가리킵니다. 로마 교회에서는 '서품식'이라고 부릅니다. 『교회 정치 문답 조례』(J. A. 하지)를 보면 이 장립을 '직분의 자리로 인도하여 치리 장로나 집사가 되게 하는 것'이라고 정의하고 있습니다.

　장립은 임직과 구분할 필요가 있습니다. 항존직, 즉 목사, 장로, 집사는 장립해야 합니다. 안수를 해야 한다는 말입니다. 그게 장립입니다.

직분자를 처음 임직하는 예식을 장립식이라고 부릅니다. 장립식은 딱 한 번만 합니다. 그런데 임직식(installation)은 한 직분자가 여러 번 할수 있습니다. 이 임직식은 '개체 교회에서 장로나 집사 같은 직분을 수행하도록 권한을 부여하는 예식'입니다. 장립받은 직분자가 다른 교회로 옮길 때 그 교회에서 필요 시 시무를 위해 임직받아야 합니다. 다시 장립을 받을 필요는 없지만 임직은 받아야 합니다.

장립식 때 반드시 있어야 할 순서가 안수입니다. 우리는 성경을 통해 여러 경우에 안수했다는 것을 확인할 수 있습니다. 유대인들에게 안수는 일반적으로 축복하는 행위였습니다. 예수님께서도 어린아이들을 품에 안으시고는 그들에게 안수하셨습니다(마 19:15). 오순절 교회는 이 안수를 만병통치약처럼 생각하곤 합니다. 병자를 고칠 때 안수가 무엇보다 필수적이라고 생각합니다. 안수를 미신적인 것으로 생각해서는 안 됩니다. 안수 자체에 무슨 신기한 효능이 있는 것처럼 생각해서는 안 됩니다.

안수는 하나님께서 교회를 통해 그 직분으로 부르셨다는 것을 온 교회 앞에서 나타내 보이는 것입니다. 그러므로 장립식의 꽃은 안수입니다. 제네바의 종교개혁자 칼뱅은 그의 『기독교 강요』에서 임직식 때 안수만을 행한 것이 분명하다고 말합니다. 그는 안수가 그 직분자를 하나님께 드린다는 의미라고 해설합니다. 그리고 "사역의 위엄을 이런 식의 표징을 통해서 사람들에게 높이 드러내는 것이 유익하며, 뿐만 아니라 안수를 받는 사람에게도 이제는 자기가 자기의 것이 아니요 하나님과 교회를 섬기는 일에 매인 자가 되었음을 경고하는 것이 유익할 것이다" (4.3.16)라고 말합니다.

장로교 역사를 보면 '장로의 회'에서 안수받은 것(딤전 4:14)을 어떻게 해석하느냐에 따라서 장로가 안수할 수도 있다는 견해와 목사만이 안수할 수 있다는 견해로 나뉩니다. 칼뱅은 임직식 때 모든 교인들이 직분자들에게 안수한 것이 아니라 목사들만 그렇게 했다고 말합니다. 한국 교회에서는 목사의 장립식 때 장로가 안수한다면 이상하게 생각할 것입니다. 장로 장립식 때는 혹 장로를 참여시키는 경우도 있지만 말입니다.

누가 안수하는지보다 중요한 것은 안수의 의미를 제대로 이해하는 것입니다. 칼뱅의 지적처럼 안수는 이제부터 매인 자가 된다는 것을 보여 줍니다. 멍에를 매는 것입니다. 그 멍에는 그리스도의 멍에입니다. 직분자는 눈에 보이는 그 어떤 멍에가 아니라 그리스도의 밭을 갈기 위해 멍에를 맵니다. 서양에서는 목사를 포함하여 이 멍에를 매려고 하는 이들이 없어서 교회 문을 닫는 실정입니다. 직분의 멍에가 너무나 무겁다고 생각하기 때문입니다. 아닙니다. 그리스도의 짐과 멍에는 세상 그 어떤 것보다 가볍고, 쉽습니다(마 11:30). 구원을 전시하고 시위하는 것이기에 너무나 영광스러운 짐과 멍에입니다.

5
주일에
임직식을 해도 됩니까?

요즘 임직식을 주일 오후에 하는 경우가 많은데요. 예전에 총회에서 주일에 임직식을 하는 것을 금지시켰다고 들었습니다. 왜 임직식을 주일에 하지 못하게 금지시켰나요? 한국 정서상, 임직식에서 잔치 분위기를 내려고 하니까 주일의 경건함을 훼손할 수 있다는 우려 때문에 금지한 건가요? 아니면, 주일에 임직식을 하면 축하객들을 부르기가 쉽지 않으니까 주 중에 하라고 한 건가요? 어떤 교회는 아예 축하객들을 오지 못하게 하려고 주일 오전 예배 시에 임직식을 했다고 하던데 말입니다. 이것도 아니고 저것도 아니라면 임직식은 주일 예배를 피해서 따로 해야 하는 것입니까? 임직식의 성격을 알고 싶습니다.

요즘에는 주일에 임직식을 하는 것에 대해 문제를 제기하는 경우가 거의 없습니다. 그런데 지적하셨듯이 총회(고신)는 47회(1997년), 50회(2000년), 56회(2006년)에 걸쳐 주일에 임직식을 하는 것이 불가하다고 결정했습니다. 예배 지침(제2장 6조 주일에 행할 일)에 근거하여 불가하다고 했습니다. "주일에는 기도, 묵상, 찬송, 성경 연구, 공예배 참석, 기타 전도, 구제 등 선한 사업을 통하여 하나님께 영광을 돌리고 성도 간에 교제를 힘써야 한다"는 문구가 그것입니다. 임직식을 행사, 혹은 잔치로 여기기 때문에 주일의 경건성을 해칠 우려가 있다고 판단했기 때문일까요?

미국 장로교회의 헌법 해설(J. A. 하지의 해설)을 보면 장립식을 주일에 할 수 있는지를 묻는 부분이 있습니다. 목사직에 대한 해설 부분에서 이 질문을 하고 있기 때문에 목사의 경우에 제한된 것인지 아니면 다른 직분들에도 적용되는 것인지 불명확하지만, 1821년 총회가 장립식을 주일에 거행하는 것이 마땅하지 않다고 선언했다고 답합니다. 특별한 상황, 즉 절박한 경우에는 주일에 장립식을 하도록 요구할 수 있다는 말도 덧붙입니다. 목사의 경우에는 충분히 이해할 수 있는 부분입니다. 목사의 장립식은 노회에서 이루어지기 때문에 주 중에 행할 수밖에 없습니다. 그런데 흥미로운 것은 목사 장립식은 가능한 담임 목사로 청빙받은 교회에서 거행하는 것이 좋다고 답한 것입니다. 적절한 지적입니다.

주일에 임직식을 하는 것이 주일을 훼손하는 것일까요? 주일 예배 시에 임직식을 행하는 것이 예배를 훼손하는 것일까요? 그렇게 볼 필요가 없습니다. 임직식은 행사에 불과한 것이 아닙니다. 임직식은 교회 직분을 공적으로 받는 예식입니다. 예배하면서 임직식을 하는 것이 잘못된 것이 아닙니다. 하나님께서 공적으로 직분을 맡겨 주시는 것이 공적인 예배 가운데 이루어지는 것만큼 자연스러운 것은 없습니다. 물론, 이 임직식은 기존의 공예배에 임직식이 덧붙여진 것이기는 하지만 말입니다. 주일 오후에 임직식을 해도 공예배 가운데서 이루어지는 것입니다.

임직식은 회중과 함께하는 예배로 이루어집니다. 하나님께서는 회중의 투표를 통해 직분자를 선출하고, 그 직분자를 공적으로 임직하여 그 직분을 수행하도록 하십니다. 모든 직분은 그 교회, 그 회중과 관계를 맺습니다. 하나의 행사로 생각하면 안 됩니다. 임직식이 주일에 있어서 축하객들이 본 교회 예배 참석 때문에 축하하기 쉽지 않아서 주 중에 하라고 한 것이라면 이것은 분명히 재고되어야 합니다. 외부에 널리 알려서 축하를 많이 받는 것은 중요하지 않습니다. 임직식은 그 교회 온 회중이 참여하는 주일 예배 때 하는 것이 자연스럽습니다. 아니, 임직식은 주일에 하는 것이 바람직합니다.

　임직식을 교회 행사나 각종 기념 행사처럼 생각해서는 안 됩니다. 주일에 하는 교회 행사와 기념 행사가 성도들이 마땅히 행해야 할 예배와 신앙생활을 빼앗는 것이라고 보아서도 안 됩니다. 임직식이 세속적인 행사나 취임식처럼 되지 않도록 해야 합니다. 한편 임직식은 잔치라고 생각해도 무방합니다. 교회의 잔치입니다. 세속적인 잔치와는 다른 잔치입니다. 부활 승천하신 주님께서 교회를 세우시기 위해 직분을 허락하시니 얼마나 감사한 일입니까? 이것보다 더 큰 잔치가 있겠습니까? 이것보다 더 생생한 예배와 신앙생활의 교훈이 어디에 있겠습니까? 주일은 부활하신 주님께서 하늘 직분자가 되신 날이고, 교회에 직분자를 세우시는 날입니다. 주일은 직분자의 탄생을 기뻐하기에 제일 좋은 날입니다.

6
<u>예배 중에
춤을 출 수 있습니까?</u>

우리의 예배는 너무나 조용합니다. 조용한 것이 아니라 너무나 냉랭하다고 해야 할 것입니다. 반면에 흑인들의 예배는 너무나 흥겹습니다. 예배 때 조용히 앉아 있지 못하고 일어섭니다. 특히, 찬송할 때는 다 같이 일어서서 찬송할 뿐만 아니라 춤까지 춥니다. 온 몸을 요란하게 흔들어 댑니다. 예배에는 질서가 있어야 하지 않겠습니까? 우리가 예배하면서 춤출 수 있습니까? 다윗이 법궤를 예루살렘으로 매어 올리면서 제사장처럼 에봇을 입고 법궤 앞에서 힘껏 춤추었다고 하는데 이것을 예배에 적용할 수 있습니까? 예배 때 우리의 감정을 되도록 억눌러야 할까요? 우리의 감정을 표현할 수 있는 몸짓은 어떤 것일까요?

질문을 받고는 총회에서 이런 것에 관한 논의가 있었는지 찾아보았습니다. 놀랍게도 2008년 고신 총회에 들어온 헌의안 중에 이와 관련된 것이 있었습니다. "임직식 후에 강대상에서 포크 댄스를 하는 것이 가한가?" 아마도 흥이 많은 교회였나 봅니다. 임직식이 끝난 후 강대상에서 포크 댄스를 추었다고 하니 말입니다. 총회가 어떤 결정을 했을까요? 총회는 모든 행사들이 하나님의 영광에 저해되지 않도록 당회의 지도하에 진행하도록 하기로 가결했습니다. 당회가 알아서 하라고 했으니 책임을 떠넘긴 것이라고 해야 할까요?

예배 중에 춤을 출 수 있는지는 찬송 문제와도 관련이 있습니다. 그냥 춤추는 것이 아니라 찬송하면서 춤을 출 것이기 때문입니다. 즉, 예배 중에 춤을 출 수 있는지는 예배 중에 어떤 찬송을 할 수 있는가의 문제와 관련되어 있습니다. 한국 사람들에게는 흥이 많기 때문에 예배 시에 흥을 돋우는 찬송을 하는 경우가 많습니다. 예배 직전에 흥을 돋우는 찬송을 하는 경우가 많습니다. 찬송 인도자는 다 같이 일어서자고 하면서 찬송을 부르다가 흥이 나면 몸을 흔들도록 유도하기도 합니다.

춤추는 것을 언급하고 있는 성경 구절이 있습니다. 시편 30편 11절 말씀을 보면 하나님께서는 우리로 하여금 춤추게 하십니다. "주께서 나의 슬픔이 변하여 내게 춤이 되게 하시며 나의 베옷을 벗기고 기쁨으로 띠 띠우셨나이다"라는 구절 말입니다. 이 시편에는 '성전 낙성가'라는 표제가 붙어 있습니다. 하나님의 백성들은 하나님께서 행하신 일로 인해 하나님 앞에서 함께 춤추는 자들이라는 뜻입니다. 그런데 그것이 예배 때 굳이 춤을 추어야 한다는 뜻은 아닙니다. 하나님께서는 우리가 당하는 모든 고난과 슬픔을 이기게 해 주시고 마침내는 하나님을 찬송하면서 춤까지 추게 하시는 분이라는 뜻입니다.

동양의 문화인 체면과 염치 때문이 아니라도 우리는 예배 때 복장과 몸가짐을 단정하게 해야 합니다. 하지만 우리는 다윗이 법궤를 예루살렘으로 매어 올리면서 너무나 기쁜 나머지 힘껏 몸을 흔들어 대었듯이 우리의 기쁨과 소망을 아름답게 표현할 수 있습니다. 예배 중에 특별 찬송하는 이들이 격조 있게 몸을 조금씩 흔드는 것이 그것의 표현일 수 있고, 회중이 손을 들어 올리면서 찬양하는 것이 그 표현일 수도 있습니다. 『춤추시는 하나님』이란 책도 있지만 우리는 하나님께서 자유를 위해 우리를 부르셨음을 믿어야 합니다. 예배는 자유자들이 몸과 영혼을 한껏 흔들어 대는 것입니다.

공예배는 자유의 가장 아름다운 표현입니다. 절제되지 않은 감정의 흥분이 아니라 아름다운 질서 가운데 하나님을 높이는 것 말입니다. 찬송할 때 몸을 앞뒤로 흔드는 이들도 있고, 좌우로 흔드는 이들도 있지만 우리의 몸과 영혼이 함께 흔들려야 하겠습니다. 우리의 예배가 너무나 따분하기 때문에 찬송을 통해 흥을 돋우려고 하는 것은 부족해도 너무 부족한 것입니다. 예배의 모든 순서가 하나같이 하나님과 감흥(?)하는 것이어야 합니다. 기도도 흥겨울 수 있고, 말씀 듣는 것도 흥겨울 수 있고, 찬송은 더 말할 나위가 없습니다.

퀘이커 교도들이 있습니다. 그 이름대로 그들은 예배 때에 몸을 부르르 떨곤 했습니다. 퀘이커 교도가 아니라도 우리는 하나님 앞에서 항상 떠는 자들이 되어야 합니다. 예배는 말장난이 아니라 거룩한 몸짓이기 때문입니다. 우리는 두려움을 넘어 거룩한 경외감으로 떨어야 합니다. 예배는 가장 아름답고 고상한 떨림이어야 합니다.

7
예배 때
키스하면 됩니까?

신약성경을 보니 거룩하게 입맞춤으로 문안하라는 구절이 여러 번 나
오는데요. 이게 일상적인 인사입니까? 아니면 예배 순서 중 하나입니까? 그것을
'평화의 입맞춤'이라고 불렀다고 하는 말을 들었습니다. 예배 중 구체적으로 언제
입맞춤을 했나요? 동성끼리 했나요, 아니면 이성끼리 했나요? 지금도 예배 때
키스를 할 수 있습니까? 서양 사람들은 공개적인 자리에서 인사할 때 입술끼리
키스하기보다는 볼을 서로 대면서 입으로 쪽 하는 소리를 내는데 그런 것은 괜찮
겠다 싶은데 말입니다. 예배 중의 입맞춤을 우리는 어떻게 적용하면 될까요?

우리는 입맞춤이라고 하면 흔히들 연인 간의 입맞춤을 연상하지만 동방
에서는 사람 사이의 일상적인 인사였습니다(창 29:11). 이런 입맞춤은 동
성 간에도 이루어졌습니다(창 33:4). 이런 입맞춤은 가족 간에는 더없이
자주 이루어졌을 것입니다. 예수님께서 말씀하신 탕자의 비유를 보면
늙은 아버지가 돌아온 탕자를 맞기 위해 맨발로 달려 나가 아들을 얼싸
안고 입을 맞추었다고 하니 말입니다.

　동양에서 입맞춤은 존경과 충성의 표시이기도 했습니다. 고대 교회
문서인 히폴리투스의 『사도전승』을 보면 안수받은 감독에게 모든 회중
이 평화의 입맞춤을 했습니다. '합당한 분이 안수받으셨습니다'라는 말
을 하면서 인사했습니다. 가룟 유다는 이런 존경과 충성의 입맞춤을 배

신의 입맞춤으로 바꾸었습니다. 그는 자신이 입을 맞추는 사람이 예수니까 잡으라고 알린 채 예수님께 입을 맞추었습니다. 그의 입맞춤은 참으로 악의적인 것이었습니다.

고대 교회는 믿음의 형제들끼리 입맞춤을 했습니다. 『사도전승』을 보면 신자가 아닌 세례 준비자들은 예배에 참석해서도 입맞춤을 할 수 없었습니다. 신자들끼리 입맞춤할 때에는 동성끼리 해야 했습니다. "신자들은 서로 인사하는데 남자들은 남자들과 함께, 여자들은 여자들과 함께할 것이다." 즉, 입맞춤은 세례받은 이들의 형제애적 일치를 시위하는 행위였습니다. 로마 사회에서는 이런 입맞춤이 동성애라는 인상을 주기 쉬웠을 것입니다. 이 입맞춤으로 인해 기독교인들이 성적으로 문란하다는 인상을 주었고, 그것이 기독교가 핍박받는 빌미가 되기도 했습니다.

지적하셨듯이 신약성경에는 '거룩한 입맞춤으로 서로 문안하라'는 구절이 여러 번 등장합니다(롬 16:16; 고전 16:20; 고후 13:12; 살전 5:26; 벧전 5:14). 이 구절들에 근거하여 고대 교회는 이 입맞춤을 예배와 예전에 도입했습니다. '거룩한' 입맞춤이라는 표현이야말로 이 인사가 일상적인 인사가 아니라 예배 가운데서 하는 행위를 가리키는 것이라고 본 것입니다. 고대 교회는 이 입맞춤에 '평화의 입맞춤'(Pax domini)이라는 명칭을 부여했습니다. '팍스 로마나'(로마의 평화)가 아니라 '팍스 도미니'(주님의 평화)라는 명칭이 참으로 의미심장합니다.

고대 교회에서는 세례 시 인사를 주고받고 입맞춤을 했습니다. 삼위의 이름으로 세례를 베풀고 난 다음에 목사가 세례받은 이의 이마에 십자 표시를 하고 입맞춤을 하면서 말합니다. '주님께서 당신과 함께'라고 말합니다. 그러면 세례받은 사람은 목사에게 '또한 당신의 영과 함께'라고 말합니다. 이것이 예배에서 목사가 '주님의 평화가 여러분과 함께하기를'이라고 말하면 회중이 '목사님의 영과 함께하기를'이라고 인사하는 것으로 발전합니다.

한편, 고대에는 보편 기도와 감사 기도의 끝에 이 입맞춤의 인사를 했습니다. 한마음으로 그 기도를 올려 드렸다는 것을 보인 셈입니다. 동방교회에서는 기도 전에 평화의 인사를 나누었는데 이것도 의미가 깊다고 하겠습니다. 형제끼리 화해하고 제단에 예물을 드리라고 하신 말씀을 반영한 것이기 때문입니다(마 5:23, 24). 이후에 신자들이 입맞춤을 주로 한 때는 성찬식에서입니다. 한 상에 참여할 주님의 백성들이 서로 교제하고 있다는 것을 확인하기 위해 서로 포옹을 했습니다. 이후에 로마 교회는 미사의 중요성을 강조하면서 이 인사를 성직자들에게 국한시켜 버립니다. 우리 개혁교회는 성찬상에 나아가기 전에 모든 회원이 평화의 인사를 주고 받으면 좋겠습니다. 그렇다면 성찬을 자주 하는 것이 좋겠네요.

8
결혼과 장례를
왜 다르게 대합니까?

한국 신자들에게 제일 신경 쓰이는 것이 결혼식과 장례식입니다. 솔직하게 말하자면 부조하는 것이 제일 신경 쓰입니다. 내가 받은 부조는 돌려주어야 할 빚이니까요. 그래서 심지어 교회를 떠나고 싶어도 부조한 것이 있어서 떠나지 못한다는 말이 있습니다. 지난번에 개혁 교회에서 장례식은 가정사로 취급하지만 결혼식은 교회적인 일이라고 적은 것을 보았는데요. 둘 다 교회적인 일로 생각해야 하는 것이 아닙니까? 왜 결혼식을 더 중요하게 생각합니까? 전도서에는 초상집에 가는 것이 잔치집에 가는 것보다 낫다고 하는데 말입니다. 교회가 장례식에 더 신경 써야 하는 것 아닙니까?

로마 교회는 결혼식과 장례식을 성례로 격상시켰습니다. 우선, 결혼식에 대해 생각해 보겠습니다. 로마 교회가 결혼식을 성례라고 보는 것은 결혼을 하나님께서 제정하셨기 때문입니다. 하나님께서 아담의 짝인 하와를 지어서 부부로 맺어 주시지 않습니까? 최초의 주례사가 바로 "이러므로 남자가 부모를 떠나 아내와 합하여 하나를 이룰지로다"(창 2:24)라는 말씀이지 않습니까? 이제 두 사람은 하나이기 때문에 사람이 나눌 수 없습니다. 로마 교회는 결혼의 '불가해소성'을 강조합니다. 이제는 두 사람을 해소, 즉 갈라놓을 수 없다는 것입니다. 로마 교회에서 이혼은 절대 금지입니다. 이혼한 사람들은 성찬에 참여시키지도 않습니다.

장례식은 어떨까요? 로마 교회는 장례식도 성례라고 생각했습니다. 종부성사(終傅聖事)라고 부릅니다. 병이나 연로함으로 죽을 상황에 처한 이들에게 기름을 발라 주는 성례이기에 '마지막 도유'라는 뜻의 종부성사라고 불렀습니다. 최근에는 '병자성사'라고 부릅니다. 이렇게 병자성사, 즉 장례 미사도 성례인데 신자의 죽음을 거룩하게 해서 주님께 보내드리는 의식이라고 볼 수 있습니다. 성례에는 자동성이 있기에 긴급한 경우에는 평신도도 종부성사를 하도록 규정하기도 합니다.

우리 개신교회는 이 결혼식과 장례식을 성례라고 보지 않습니다. 결혼식과 장례식을 무시하기 때문이 아닙니다. 성례는 오직 우리 주 예수 그리스도께서 친히 제정하신 세례와 성찬에 한정시킵니다. 사실, 결혼식은 목사가 집례해야 거룩해지는 예식이 아닙니다. 장례 예식에서도 목사가 집례해야 고인이 좋은 곳에 가는 것도 아닙니다. 두 예식이 인생사에서 가장 중요하기는 하지만 목사가 집례해야만 거룩하게 되는 예식이 아니라는 뜻입니다.

언급하셨듯이 개혁교회는 결혼과 장례를 다르게 접근합니다. 결혼은 하나님께서 친히 제정하시고 허락하셨기에 교회적인 일로 간주합니다. 당회는 결혼 당사자를 불러 미리 면담하면서 그 결혼이 합법적이 되도록 해야 하고, 더 나아가 결혼할 당사자들이 자신들의 몸과 마음을 거룩하게 유지하기를 권고해야 합니다. 동양 문화에서는 결혼이 결혼 당사자의 일이 아니라 가족의 일, 더 나아가 가문의 일이라고 생각합니다. 그래서 결혼식이 성대해질 수밖에 없습니다. 교회는 이런 관점이 아니라 하나님께서 친히 제정하셨다는 의미에서 목사가 주례하면서 예배의 형식을 취해서 결혼식을 올립니다.

개혁교회는 장례를 가정사로 생각합니다. 신자의 죽음은 귀하지만 그것을 교회가 기리거나 교회적인 일로 치르지 않습니다. 철저하게 그 가족의 문제로 생각합니다. 교회가 위로할 필요가 없다는 것이 아니라 하나님께서 이미 불러 가셨기에 가족이 주도하여 단정하게 장례를 치르는 것이 좋습니다. 이에 반해 동양 문화에서는 장례식을 성대하게 치르고, 교회가 신자의 장례식을 책임지고 치릅니다. 소위 말하는 '교회장(敎會葬)'이 아니라고 해도 말입니다. 이에 우리는 장례식을 가족의 일이라고 생각하더라도 교회가 유족을 위로하는 일을 잘해야 하겠습니다. 고인의 가족들 중에 믿지 않는 이들이 있다면 죽음을 매개로 하여 그들에게 복음을 전하는 기회로 삼아야 할 것입니다.

우리는 결혼과 장례를 말씀의 원리에 따라 단정하게 진행해야 하겠습니다. 한 남자와 한 여자가 주님 안에서 하나 되는 예식, 죽음 앞에서 유가족을 위로하고 우리를 돌아보는 예식은 성례가 아니지만 교회가 잘 살펴야 할 예식입니다. 결혼식과 장례식을 통해 하나 됨이 주님으로부터 오고, 마지막이 새로운 시작임을 잘 표현해야 하겠습니다.

9
유해를 뿌리거나
집에 보관하면 안 된다는데요?

요즘은 화장이 대세입니다. 국토가 좁다 보니 매장할 공간이 없다는 것이 제일 큰 문제겠지요. 매장이 너무나 번거롭기도 하고요. 그런데 화장은 시신을 완전히 태우는 것이기에 기독교 신앙과 맞지 않는 장례 방식 아닙니까? 현실적인 문제 때문에 매장을 포기해야 하는 것인가요? 그리고 로마 교회는 화장을 하더라도 유해를 뿌려서는 안 된다고 가르친다는데요. 무슨 이유 때문인가요? 화장을 허용했다면 유해를 뿌리느냐 마느냐는 아무런 문제가 되지 않을 텐데요. 장례와 관련한 기독교회의 분명한 지침이 필요한 시점입니다.

요즘 한국에서는 화장을 선호하는 것이 사실입니다. 장례의 80%가 화장이라고 하니 말입니다. 사실, 매장은 이제 엄두도 내기 힘든 상황이 되었습니다. 한국의 대부분의 산들은 묘지로 뒤덮여 있습니다. 이제는 산에서도 매장지를 확보하는 것이 너무나 어려워진 상황입니다. 문중 소유의 산이나 땅이 있는 경우에는 매장지를 겨우 얻을 수 있을지 모르겠지만 말입니다. 이런 현실적인 이유 때문에 매장은 이제 거의 사라질 것입니다.

화장이 기독교 장례 예절에 맞느냐고 물었지요? 그렇습니다. 지금까지는 화장이 기독교 장례 예절과 거리가 멀다고 생각했습니다. 화장은 시신을 완전히 태워 버리는 것이기에 윤회를 믿는 종교들에서 선호하는 장례 예절이었습니다. 새로운 세상에서는 다른 몸을 입고 태어나니 전생에서의 몸은 없어져야 합니다. 사라져야 합니다. 그래서 화장을 하면서 시신을 완전히 소각시켜 버립니다.

기독교 신앙에 걸맞는 장례 예절은 매장입니다. 신자의 몸이 매장되는 그 장소는 부활의 장소라는 의미를 지니고 있습니다. 그래서 발인 예식만이 아니라 하관 예식도 중요하게 생각했습니다. 하관 예식을 하면서 신자들은 우리 몸의 부활을 기대하는 믿음을 더 분명하게 붙들 수 있는 계기를 맞게 되기도 합니다. 세월이 지나면 육체는 썩어 없어지기에 그 매장지가 부활의 장소라고 생각하는 것이 지나친 생각이기는 하지만 말입니다. 그럼에도 불구하고 시신을 눕히는 곳은 부활의 상징적인 장소가 되는 셈입니다. 그래서 우리는 무덤을 방문하면서 부활을 기대할 수 있습니다.

언급하셨듯이 최근에 로마 교황청 신앙 교리성에서는 화장에 대한 지침을 다룬 훈령을 발표했습니다. 로마 교회는 화장보다는 매장을 선호한다는 기존 입장을 재확인했습니다. 신자의 장례에서는 매장을 해야 하지만 부득이한 경우에는 화장을 허용했습니다. 그런데 화장하고 남은 유해를 가정에 보관하거나 산이나 바다, 공중에 뿌리는 것은 하지 않아야 한다고 강조했습니다. 죽는 이가 유해를 흩뿌리도록 유언했다면 어떻게 해야 할까요? 우리는 죽는 이의 유언을 자녀들이 무조건 들어주어야 한다고 생각합니다. 로마 교회는 죽는 이가 유해를 흩뿌리도록 유언한 경우에는 장례 미사가 거부될 수 있다고 덧붙였습니다.

로마 교회는 왜 이렇게 유해를 흩뿌리는 것을 철저하게 금하고 있을까요? 왜냐하면 범신론이나 자연주의, 허무주의에 빠질 가능성이 있기 때문이랍니다. 로마 교회는 유해를 가지고 보석을 만들어 달고 다니거나 기념품으로 만드는 것도 금했습니다. 죽은 자와 접촉하려고 하는 미신을 피하기 위함일 것입니다. 연옥에 가 있는 조상을 위해 열심히 기도하는 로마 교회가 죽은 자의 유해에 대해서는 왜 이렇게 엄격하게 대하는 것인지 의아하기도 합니다.

기독교회는 장례식을 통해 부활 신앙을 제대로 고백해야 하겠습니다. 화장을 허용하는 것이 기독교 신앙과 전혀 어울리지 않는 것은 아닙니다. 하나님께서는 산산이 흩어지고 사라져 버린 육신의 요소를 다 불러내어서 예전의 모습으로 부활시킬 것이기 때문입니다. 화장한다고 해서 부활이 어려워진다고 걱정할 이유가 없습니다. 문제는 우리 기독교인들이 부모나 가까운 이들의 장례식을 경솔하게 치르므로 믿지 않는 이들에게 못 배운 것들이라는 인상을 주는 것입니다. 신자가 죽은 이에게 절하지 않기 때문에 욕을 듣는 것이야 당연하겠지만 시신이며 장례식을 소홀하게 다루므로 부활을 증거할 기회를 놓쳐 버려서는 안 되겠습니다. 매장이든지 화장이든지 신자의 장례식은 슬픔과 소망이 아름답게 조화를 이루는 예식이 되어야 할 것입니다.

5
절기와 교회력

1
빛의 상징을
왜 저버리나요?

저는 우리 개신교회가 상징의 중요성을 너무 간과하고 있다고 생각합니다. '오직 말씀'이라는 종교개혁의 구호를 모르지 않지만 그것을 예배당의 내부 구조며 교회력과 예배에 어떻게 적용해야 하는지 들어 본 적이 없습니다. 대표적으로 지적하고 싶은 것이 빛의 상징인데요. 우리 개신교회가 로마 교회에 대한 지나친 반동으로 빛의 상징을 저버린 것이 아닐까요? 빛으로 오신 예수 그리스도를 드러내기 위해 촛불을 포함한 빛의 상징을 적극적으로 활용하는 것이 왜 문제가 된단 말입니까? 성탄절을 앞둔 대강절에 촛불을 하나씩 켜는 것도 참 좋은 전통이 아닌가요? 예배의 역사에서 '부활절 초'라는 것이 있었다는 말도 들었는데 말입니다.

그렇습니다. 교회, 특히 신약 교회의 예배는 빛과 뗄래야 뗄 수 없다고 해도 과언이 아닙니다. 그리스도께서는 '의의 태양'(말 4:2)으로 이 땅에 오셨기에 신약 교회는 그 빛을 제대로 표현하기 위해 고민해야 합니다. 신약 교회는 예배당 구조를 통해서도 빛이신 그리스도를 표현할 수 있습니다. 그런데 세례의 물, 성찬의 떡과 잔과 같은 성례의 방식이 아니라면 빛을 어떤 방식으로 표현해야 하는지는 쉬운 문제가 아닙니다. 로마 교회처럼 예배 시마다 촛불을 켜는 것이 좋은가 하는 것입니다. 제단 주위에 촛불을 켜 놓은 채로 미사를 집전하는 것 말입니다. 지난번에 말씀

드렸듯이 동양 문화에서는 향이나 촛불 등이 절이나 죽은 자를 추도하는 의식에서 흔히 사용되기에 이런 것들을 조심스럽게 다루어야 합니다.

부활절 어간에 촛불을 켜는 것은 고대 교회에서 시작된 풍습입니다. 예수님께서 제자들의 발을 씻기신 목요일 저녁에 예배당의 모든 촛불을 다 끕니다. 부활절 이브가 되면 다 같이 모여 특별하게 제작된 큰 초에 불을 붙입니다. 이 초를 부활절 초(paschal candle)라고 부릅니다. 5세기의 기록에 따르면 예루살렘 주교는 예수님의 무덤 위에 세워졌다는 성묘교회(Church of the Holy Sepulcher, 동방 교회는 이 교회를 '부활교회'라고 부름)에 들어가서 새로운 불을 밝혔습니다. 어떻게 새로운 불을 밝혔는지는 알려져 있지 않습니다. 이후에 주교를 포함한 모든 사제들이 그 새로운 불을 가지고 자신들의 초에 불을 밝힙니다. 사제들은 나가서 모든 교인들의 촛불을 밝혀준 후 다 같이 성당에 들어가서 철야 행사를 시작합니다. 중세 잉글랜드에서 이 부활절 초는 11미터까지 높아지기도 했고, 700킬로그램 이상으로 무거워지기도 했습니다. 이렇게 고대 교회는 그리스도의 부활의 빛이 온 땅을 밝힌다는 것을 극적으로 표현하고 싶었습니다.

크리스마스 때도 촛불이 등장합니다. 고대 교회는 사순절에 초를 켜던 풍습을 대강절 기간에 가져와 사용하기 시작했습니다. 대강절 네 주일 동안 하나씩 불을 밝히고 성탄절에는 다섯 번째의 희고 큰 초를 밝힙니다. 대강절에 촛불만 등장하는 것이 아니라 '대강절 별'도 등장합니다. 이 별은 독일의 모라비아교도들로부터 기원한다고 알려져 있습니다. 이 별은 우리가 잘 알고 있듯이 동방의 박사들을 예수님께로 인도한 별을 가리키기도 하고, 온 세상 만물과 더불어 하늘의 별들을 창조하신 하나님의 위대하심을 가리키기도 하며, 예수 그리스도께서 '광명한 새벽별'(계 22:16)임을 보여 주기도 합니다.

촛불을 켜는 풍습이 한국 교회에도 전해졌습니다. 많은 분들이 성탄절 이브 행사와 관련한 추억을 가지고 있지 않습니까? 어릴 때 성탄절 이브 행사는 제일 기다려지는 행사였습니다. 한 달 이상 저녁마다 모여 성탄절 이브 행사를 준비하면서 어린아이들은 가장 즐거운 때를 보냅니다. 드디어 성탄 이브가 되면 어른, 아이 가릴 것 없이 다 교회로 모여 듭니다. 심지어 믿지 않는 친구들이나 어른들도 예배당을 기웃거리곤 했습니다. 모두가 모이면 모든 불을 끄고 숨겨 놓은(?) 하나의 큰 초에 불을 밝힙니다. 모든 이들이 그 하나의 촛불에서 종이컵을 끼운 각자의 초에 불을 옮겨 받습니다. 모든 초가 다 점화되고 나면 각자의 촛불을 이리저리 흔들면서 '고요한 밤 거룩한 밤'을 부릅니다. 이 촛불 점화가 성탄 이브 행사의 시작입니다.

교회는 복음의 빛을 높이 들어야 합니다. 교회는 이 땅에 빛으로 오신 예수 그리스도(요 1:4)를 증거해야 합니다. 설교가 복음의 빛을 비추는 것임은 두말할 필요가 없습니다. 공적으로 죄를 고백하고 사죄의 말씀을 선포하는 것도 어두움 속에 비치는 빛의 가장 뚜렷한 상징입니다. 예배 전체를 복음의 빛 가운데 드러내면서 그 광채를 제대로 표현하기 위해 노력해야 하겠습니다. 이렇게 예배당 구조뿐만 아니라 교회력과 공예배를 통해 그리스도의 광채를 삼위일체적으로 풍성하게 표현하는 것이 우리의 과제입니다. 우리는 빛의 상징을 과도하게 사용한 것이 아니라 너무나 적게, 그것마저도 제대로 사용하지 못하고 있습니다. 빛의 상징은 더 풍성해져도 됩니다.

2
사순절을 왜 지키나요? 로마 교회의 잔재인데요.

앞으로 기념주일, 절기 등을 배우게 됩니다. 간단한 결론은 "잘 사용해서 유익을 얻자" 입니다. 참 쉽쥬?

35. 36. 사순 성탄
37. 대강
38. 송구영
39. 카드?

넘어갈수 없어.
갑자기 컷이 생겼어..

갈라디아 초고대
월빔 +과

고대 교회
교부

아멘. 현대

사순절의 기원이 고대 교회, 심지어 초대 교회라고 해도 소용없습니다.(1권 신약 예배 편 참조) 그렇다고 카톨릭을 반대하기 위한 반대도 옳지 않습니다. 성도의 유익을 위해 말씀과 성령님 안에서 조심스럽게 사용할 뿐입니다. 개혁교회는 제도가 아니라 예수 그리스도를 믿습니다.

요즘 한국 교회들이 사순절을 지키려고 하는데요. 사순절은 로마 교회의 잔재가 아닙니까? 왜 종교개혁한 교회가 로마 교회의 잔재를 그대로 답습합니까? 우리 개혁의 선배들이 중세 교회의 악습을 일소하기 위해서 피 흘리며 분투했는데 다시 로마 교회의 악습으로 돌아가려고 합니까? 그것은 죄악입니다. 오직 성경으로 부족합니까? 성경에도 있듯이 날과 달과 절기와 해를 지키는 것은 그리스도께서 이루신 구원이 부족하다고 보는 것 아닙니까?(갈 4:10, 11) 이제 우리 개신교회도 절기와 예전 같은 것에 신경을 쓰고 있어서 너무나 걱정됩니다. 주일만 제대로 잘 지켜도 충분할 텐데 말입니다.

로마 교회에 미신적인 요소들이 참 많았습니다. 대표적인 것이 바로 미사가 아닙니까? 미사는 제사이고, 그리스도의 십자가 죽음을 재현하는 것이 아닙니까? 이것은 미신에 불과합니다. 성찬의 상은 제사상이 아니라 식탁의 상이지요. 부활하신 그리스도께서 하나님의 자녀들을 식탁으로 초대하셔서 그들과 함께 먹고 마십니다. 그 외에도 중세 교회에는 온갖 종류의 미신이 가득했습니다. 성례를 7가지로 늘여서 모든 삶을 성례로 덮으려고 했고요. 모든 날들을 거룩하게 하려는 욕심으로 성인들을 배치했고요. 독일의 종교개혁자 마르틴 루터가 비텐베르크 성 예배당 문에 95개조의 반박문을 붙인 날이 만성절(11월 1일) 하루 전날이라는 것이 얼마나 의미심장합니까? 성인의 공덕과 면벌부가 우리를 구원해 주는 것이 아니라 그리스도 때문에 기뻐하면서 날마다 회개하는 삶이 우리를 복된 하나님 나라로 이끈다는 것을 시위한 것이지요.

중세 교회는 교회력을 아주 세밀하게 가다듬어 발전시켰는데요. 그 중에 하나가 바로 '사순절'입니다. 부활절 이전 40일 동안 그리스도의 고난을 묵상하는 기간을 만든 것이지요. 이 기간은 특별히 금식하는 때였습니다. 금식을 통해 공로를 쌓아서 죄를 씻어 보려고 한 것이지요. 그런데 정확히 따져 보자면 사순절은 중세 로마 교회가 만든 것이 아니라 고대 교회에서 시작되었습니다. 325년 니케아 공의회에서 사순절을 언급하고 있으니까요. 고대 교회의 신경 중 하나인 니케아 신경을 작성한 바로 그 공의회에서 말입니다. 고대 교회가 사순절을 만든 것은 공로를 쌓기 위한 목적이 아니라 그리스도의 고난을 깊이 묵상하기 위함이었습니다. 고대 교부들은 구체적인 대상을 염두에 두었습니다. 우선, 사순절은 '세례 예비자들'이 금식하면서 세례를 준비하는 기간이었습니다. 부활절 전날 밤에 세례를 받아야 했기 때문입니다. 그리고 '고백자들'을 위해서는 사순절이 새로운 의미를 가집니다. 고대 교회에서 큰 죄를 지은 신자는 반드시 공적으로 고백해야 했는데, 이 사순절이 회개하는 기간이 되었습니다. 그리고 나머지 '신자들'을 위해서 이 사순절은 세례 예비자들과 고백자들을 위해 기도하면서 자신을 돌아보는 복된 기간이었습니다.

중세 교회가 깊어 가면서 사순절이 시작되는 '재의 수요일'부터 시작하여 사순절 기간 동안 행하는 매일의 단식과 금욕 등은 신자들이 점차로 자신의 공로를 쌓는 것으로 변질되어 갔습니다. 이에 칼뱅을 위시한 종교개혁자들은 사순절의 악습을 질타했습니다. 그렇다면 우리는 사순절을 지키지 않아야 하는 것이 아닐까요? 그리스도의 고난을 묵상하는 것은 어느 날이든지 상관없이 할 수 있으니까 필요없는 것일까요? 로마 교회가 사순절을 오용했으니 우리는 아예 그 이름을 언급조차 하지 않아야 할까요? 그렇게 예민하게 반응할 필요가 없습니다. 칼을 누가 들고 있느냐에 따라서 그 칼은 사람을 죽이는 것이 될 수도 있고, 사람을 살리는 것이 될 수도 있으니까요.

우리가 낮아지시고 높아지신 그리스도를 아무리 많이 묵상한다 해도 부족합니다. 여러 가지 기념 주일(예를 들어 어린이 주일, 6.25 기념 주일, 광복 주일 등)을 지키는 것보다 그리스도의 구속 사역을 기념하는 교회력을 지키는 것이 훨씬 더 유익합니다. 우리는 교회의 지혜였지만, 한때는 교회의 어리석음이 되었던 교회력, 즉 성탄절, 부활절, 승천절, 성령 강림절을 새롭게 해야 합니다. 성탄절을 준비하는 대강절(4주간), 부활절을 준비하는 사순절(40일)을 새롭게 해야 하는 것도 당연하고요. 매 주일이 작은 부활절이라면 연중의 부활절은 큰 부활절이기에 부활절을 준비하는 사순절을 지키는 것이 죄짓는 것은 아닙니다. 물론 조심해야 할 점이 있습니다. 나의 고난이 아니라 오직 그리스도의 고난이 우리의 구원이 되었다는 것을 묵상하는 사순절이 되어야 합니다. 우리는 인간의 공로를 쌓는 것으로 변질되었던 사순절을 '오직 그리스도'를 드러내는 기간으로 삼아야 하겠습니다.

3
추수 감사절을
언제 지키는 것이 좋습니까?

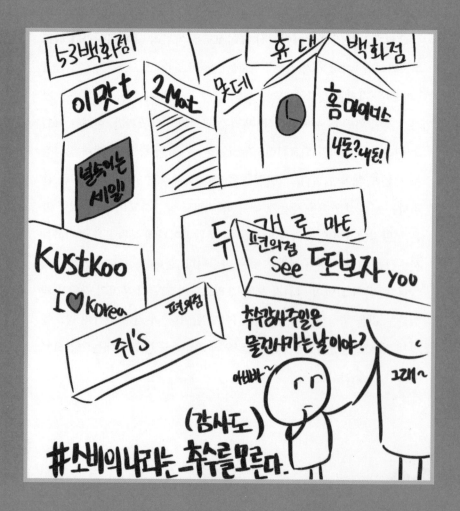

한국 교회는 전통적으로 11월 셋째 주일을 추수 감사절로 지켜 왔습니다. 청교도들이 뉴잉글랜드에 도착하여 겨울을 보내면서 수많은 사람들이 죽고 그 다음 해 추수를 하여 하나님께 감사했던 날이 11월 셋째 주일이었기 때문에 우리도 그날에 맞추어서 추수 감사절을 지키는 것으로 알고 있습니다. 우리는 미국의 선교사들을 통해 복음을 받았으니 자연스럽게 추수 감사절도 동일한 날이 되었을 것입니다. 그런데 우리에게는 우리 고유의 명절인 추석이 있지 않습니까? 추석에 조상에게 감사하는 것을 바꾸어서 하나님께 감사하는 날로 삼을 수 있지 않을까요? 어떻게 생각합니까?

쉬우면서도 어려운 문제를 질문하셨네요. 어느 날짜든지 무슨 상관이냐면 사실 질문거리가 될 수 없지요. 하지만 가을 추수를 하나님께 감사하는 것이니까 어느 때가 적합한지 물어보는 것이 당연합니다. 지적하셨듯이 우리가 11월 셋째 주일을 추수 감사 주일로 지키는 것은 청교도들의 영향입니다. 잉글랜드의 청교도들은 핍박을 피해 메이플라워호를 타고 뉴잉글랜드로 가서 그해 혹독한 겨울을 보내고 난 다음 해에 추수를 하여 하나님께 그 감격을 감사했습니다. 이것을 기념하여 미국은 11월 넷째 주 목요일을 추수 감사절로 정하고 전날인 수요일부터 주말까지를 공식 공휴일로 지정했습니다. 미국인들은 추수 감사절 때 온 가족이 모여서 구운 칠면조와 호박 요리를 즐깁니다. 우리나라에 복음을 전한 미국의 선교사들은 자기들의 전통인 추수 감사절을 우리에게 그대로 이식했지요.

우선, 추수 감사절 자체에 관해서 말해 보죠. 우리가 왜 추수 감사절을 지켜야 하지요? 성경에서 추수 감사절을 지키라고 말씀합니까? 이스라엘 백성들은 1년에 세 차례의 중요한 절기를 지켰습니다. 유월절, 맥추절, 그리고 장막절(수장절)입니다. 이 세 절기는 하나님께서 이스라엘을 애굽의 손아귀에서 구출하시고, 시내산으로 인도하여 말씀을 주시고, 마침내 약속의 땅 가나안에서 열매를 주신 것을 기념합니다. 그리고 이 세 절기는 연중의 추수와 맞물려 있습니다. 유월절 때 봄의 보리 추수가 시작(초실절)되고, 맥추절은 오순절이라는 이름처럼 초실절로부터 50일이 되는 날인데 여름 추수인 밀 추수를 축하하는 절기입니다. 마지막 수장절은 말 그대로 가을걷이입니다. 포도, 올리브 등 나무 열매도 추수하는 절기입니다.

이 세 절기를 신약 시대에도 지켜야 합니까? 유월절은 부활절로 성취가 되었습니다. 고대 교회는 유월절에 해당하는 파스카라는 말을 부활절에 적용했습니다. 신약의 파스카가 바로 부활절입니다. 맥추절은 성령 강림절로 성취가 되었습니다. 사도행전을 통해서 알 수 있듯이 성령께서는 오순절에 강림하셨기 때문입니다. 출애굽하여 50일째에 시내산에 도착한 이스라엘은 하나님께 돌판을 받았습니다. 오순절은 십계명을 받은 것을 기념하는 절기이기도 했습니다. 오순절 성령 강림으로 인해 이제 돌판이 아니라 신자의 마음판에 하나님의 율법이 새겨졌습니다. 장막절은 무엇으로 성취가 되었을까요? 장막절은 아직 최종 성취가 되지 않았습니다. 이 장막절은 마지막 날의 추수를 기대하는 절기입니다. 가을걷

이인 장막절은 교회가 필요한대로 날짜를 정하여 지키면 될 것입니다.

우리에게는 우리 고유의 명절인 추석이 있지요. 조상에게 가을 추수를 감사하는 명절입니다. 이 추석이 우리 민족에게는 가장 큰 명절입니다. 한 해의 시작인 구정보다 더 기쁜 명절이었습니다. 그렇기에 '더도 말고 덜도 말고 추석만 같아라'는 말도 있을 정도입니다. 그래서 추석 가까운 주일에 추수 감사 주일을 지키는 것이 좋지 않을까요? 이것을 복음의 토착화라고 부를 수도 있을 것입니다.

명칭에 관해서 짚고 넘어가자면요. 추수 감사절이라고 부르지만 교회력에서는 그리스도께서 행하신 구속 사역에 관한 것만 '절'(節)이라고 부릅니다. 성탄절, 부활절, 성령 강림절 등입니다. 기념 주일은 성격이 조금 다릅니다. 이 기념 주일은 절기보다는 좀 낮은 성격이라고 생각했습니다. 그래서 우리는 추수 감사 주일이라고 부르면 좋겠습니다. 절기에서 파생되는 것이 기념 주일입니다.

우리 민족이 가을에 추수한 모든 것을 가지고 조상에게 제사하고 감사해야 할 대상은 죽은 조상이 아니라 사실 살아 계신 하나님이었어야 하는 것이지요. 하나님께서 한 해 동안 먹을 것과 마실 것과 입을 것을 허락하셨기 때문에 우리는 하나님께 감사해야 합니다. 추석이 지나고 바로 맞이하는 주일을 '추석 주일'이라고 부르면서 하나님께 감사하면 좋겠습니다. 미국식 추수 감사를 그대로 따라하는 것이 아니라 우리식으로 추석 축하를 더 풍성하게 할 수 있습니다. 감사 헌금해야 하는 날 정도로 생각해서는 안 될 것입니다. 교회에게는 우리 민족에게 추석의 참 의미를 깨우쳐 줄 책임이 있습니다. 교회는 우리 민족에게 '온갖 좋은 은사와 온전한 선물이 다 위로부터 빛들의 아버지께로부터 내려온다'(약 1:17)는 것을 알게 해 주어야 할 것입니다.

4
성탄 주일을 지키는 것이 옳습니까?

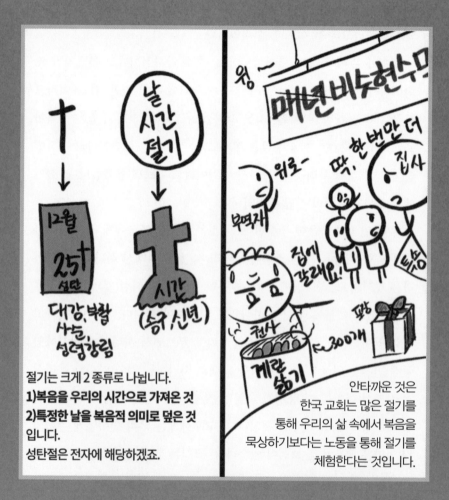

절기는 크게 2 종류로 나뉩니다.
1) 복음을 우리의 시간으로 가져온 것
2) 특정한 날을 복음적 의미로 덮은 것
입니다.
성탄절은 전자에 해당하겠죠.

안타까운 것은
한국 교회는 많은 절기를
통해 우리의 삶 속에서 복음을
묵상하기보다는 노동을 통해 절기를
체험한다는 것입니다.

성탄절이 12월 25일인데 주일에 오는 경우가 많지 않습니다. 성탄절은 대부분 주 중에 있습니다. 그런데 성탄절이 제일 가까운 주일을 '성탄 주일'이라고 부르는 것을 보았는데요. 이게 옳은 것입니까? 그렇다면 성탄 주일도 있고, 성탄절도 있게 되는 셈인데요. 성탄절이 대부분 주 중에 있기 때문에 이렇게 이중적으로 성탄절을 기념하는 것인가요? 그리스도의 구속 사역을 기념하는 절기와 그 외 교회가 정한 특정한 기념 주일은 구분해야 하지 않겠나 하는 생각을 하는데요. 이것에 대해 알려 주시죠.

잘 지적해 주셨네요. 고대 교회로부터 내려오는 교회력에 근거한 절기가 있습니다. 그 절기들은 그리스도의 구속 사역을 중심으로 정해졌습니다. 한 해 교회력의 시작부터 말해 보자면 대림절, 성탄절, 주현절, 사순절, 부활절, 성령 강림절의 순서입니다. 주현절은 동방 교회의 전통이기에 서방 교회에게는 좀 어색하고, 사순절은 미신적으로 바뀌어 갔기에 종교개혁자들이 거부하기도 했습니다. 이런 절기들은 주일을 중심으로 축하합니다. 주일 자체가 그리스도의 부활을 기념하는 날이기 때문에 그날에 그리스도께서 하신 다른 구속 사역도 겸하여서 축하하는 것이지요.

교회 절기들은 주일을 중심으로 축하하지만 주 중에도 포함됩니다.

예를 들어 대림절은 4주일에 해당되는데 네 주간 동안 그리스도의 오심을 묵상합니다. 사순절도 마찬가지입니다. 40일 동안 그리스도의 고난을 묵상합니다. 대부분의 절기는 주일에 큰 축하를 하는데 성탄절만큼은 12월 25일로 정해졌기에 주 중에 축하해야 하는 경우가 대부분입니다. 대부분의 나라에서는 이날을 공휴일로 정해 놓았기에 신자들이 모여서 축하하기에 큰 어려움이 없습니다. 유럽에서는 그리스도께서 승천하신 날인 승천일(부활 후 40일째)도 공휴일이기 때문에 신자들은 이날에 모여 그리스도의 승천을 기념하면서 예배하기도 합니다. 주 중의 날들도 교회 절기에서 의미가 있다는 뜻입니다.

그리스도의 구속 사역을 기념하는 절기 외에 교회가 정한 특정한 주일들이 있습니다. 대표적인 것이 '삼위일체 주일'입니다. 성령 강림절 다음 주일을 삼위일체 주일로 지킵니다. 로마 교회는 이런 주일을 '기념 주일'이라고 부릅니다. 그리스도의 구속 사역에서 발전한 교의들을 경축하는 주일이라는 뜻입니다. 그리스도 왕 대 축일, 예수 성명 축일, 성가정 축일 등이 그것들입니다. 이렇듯 로마 교회는 그리스도의 구속 사역을 축하하는 절기와 그것에서 파생되어 나온 축일을 구분합니다.

우리 개신교회는 수많은 '기념 주일'들을 만들었습니다. 그중에 대표적인 것이 '종교개혁 기념 주일'일 것입니다. 개신교회의 시작을 기념하는 주일이니까요. 10월 마지막 주일 말입니다. 종교개혁자 마르틴 루터가 비텐베르크 성 예배당 문에 면벌부를 공격하는 95개조 반박문을 써 붙인 10월 31일을 기념하는 것이지요. 로마 교회 입장에서 보면 그런 기념 주일을 지키는 것이 하나 된 교회로부터 분리되어 나간 가장 뚜렷한 증거일 것입니다. 하지만 우리는 복음을 재발견한 것을 기념하는 것이 너무나 중요하다고 봅니다. 우리는 끊임없이 복음으로 돌아가야 하니까요.

각 교단마다, 각 민족마다 다양한 기념 주일을 만들곤 합니다. 교단 창설 기념 주일, 신학교 주일, 북한 선교 주일 등등 말입니다. 어린이 주일, 어버이 주일, 가정 주일도 있습니다. 5월은 가정의 달이기 때문에 교회도 어린이와 어버이, 부부, 가정에 대해 생각하는 주일을 가지고 있습니다. 우리는 교회력의 절기들과 이런 기념 주일을 구분해야 합니다. 기념 주일이 지나치게 많아서는 곤란합니다. 각종 기념에 치우치다 보면 중세 교회처럼 복음과 그리스도에게서 멀어지기 쉽기 때문입니다. 삼위 하나님께서 하신 구속 사역 외에 우리가 기념할 다른 그 무엇이 있겠습니까?

질문에 답을 미루어 왔는데요. 성탄 주일이라는 말은 사용하지 않는 것이 좋겠습니다. 12월 25일이 아니라 가까운 주일에 성탄절을 기념하려는 것인지 모르겠는데, 그럴 필요가 없습니다. 성탄절이 주일에 와도 그냥 성탄절이라고 부르면 되고요. 성탄절은 기념 주일이 아니라 교회의 가장 중요한 절기입니다. 그리스도의 구속 사역의 시작을 축하하는 절기입니다. 성탄절은 하늘과 땅, 영과 육의 통합을 보여 줍니다. 예수님께서 12월 25일에 태어났느냐 아니냐가 중요한 것이 아니라 성육신의 신비를 통해 인류 구원, 인간 구원, 몸의 구원이 분명하게 시작되었다는 것이 중요합니다.

5
<u>대림절이</u>
<u>필요없습니까?</u>

교회력에 따르면 성탄절 전 네 주일을 대림절로 지키는데요. 예전에는 대강절이란 말도 사용하는 것을 보았습니다. 대강절, 대림절 중 어떤 것이 더 나은 표현일까요? 어찌 되었든 저는 대림절을 지키는 것이 의미 있다고 생각합니다. 성탄절만 덩그러니 지키기보다는 주님의 오심을 기다리는 절기를 지키는 것이 좋지 않겠습니까? 그런데 이런 것마저 없애는 것이 좋다고 하는 소리를 들었습니다. 심지어 성탄절도 지키지 말아야 한다는 말도 들었습니다. 12월 25일에 예수님께서 태어나신 것도 아닌데 성탄절을 지키는 것은 성경적이지 않다는 주장입니다. 과연 그런가요?

대림절이냐, 대강절이냐를 먼저 물었지요? 번역상의 문제인데요. 대강절이라고 하면 뭘 '대강', '대충'한다는 말이냐는 오해를 불러일으킬 수 있습니다. 물론 대림절도 마찬가지겠지요. 저는 '대림역'이 생각납니다. '대'(待)가 기다린다는 뜻 아닙니까? 무엇을 기다린다는 것입니까? 강림을 기다린다는 뜻이지요. 그래서 내려온다는 '강'(降)을 사용해도 되고, 임한다는 '림'(臨)을 사용해도 됩니다. 저는 지금까지 대강절이라고 불러왔는데 대림절이라는 용어가 더 일반적인 것 같습니다.

　질문이 나온 김에 교회력을 잠시 살펴보죠. 고대에는 부활 절기가 먼저 생겼습니다. 부활절을 준비하기 위해 사순절이 생겼고, 부활절과 연결되어 성령 강림절이 자리를 잡습니다. 이후에 성탄 절기가 생깁니다. 성탄절을 준비하기 위해 대림절이 생겼습니다. 그리고 성탄절이 확장된 주현절(동방 교회의 절기)이 자리를 잡습니다. 이렇게 준비 절기가 있고, 기념하고 축하하는 절기가 있습니다. 로마 교회가 이런 절기들을 지나치게 세분화하고 미신적으로 만들었기 때문에 종교개혁자들은 필수 절기를 제외하고는 거부했습니다. 당연히 성인들의 날도 거부했습니다. 그렇다면 우리는 그리스도께서 구속 사역을 이루신 것을 기념하는 필수 절기를 중심으로 지키는 것이 좋겠습니다.

이제 대림절로 돌아가 보겠습니다. 대림절은 그리스도께서 이 땅에 오신 것을 준비하는 절기입니다. 교회사를 살펴보면 이 대림절이 길어졌다 짧아졌다 하다가 네 주일로 굳어졌습니다. 대림절은 대개 11월 마지막 주일부터 시작되기 때문에 성탄절과 더불어 한 해의 마지막 기간입니다. 하지만 교회력으로는 이 대림절이 한 해의 시작입니다. 세상 달력으로는 한 해의 마지막이지만 교회 달력으로는 한 해의 시작이니 의미심장하지요. 끝과 시작이 교차되는 것이지요. 신자는 한 해의 마지막에 주님의 오심을 기다리면서 벌써 새로운 시작을 하고 있습니다.

대림절에 우리가 기다리는 분이 누구입니까? 아기 예수를 기다립니까? 사실, 우리가 대림절과 성탄절에 아기 예수님을 기다리는 것은 아닙니다. 그분은 2,000여 년 전에 이 땅에 태어나 자라셨고, 죽으셨으며, 부활 승천하사 하나님 보좌 우편에 계시기 때문입니다. 우리가 대림절과 성탄절에 영광의 주님을 다시 아기로 되돌리는 것이 아닙니다. 그렇다고 하여서 예수님의 탄생에 대한 의미를 간과하고 지나가 버리는 것은 어리석은 짓입니다. 우리는 성자께서 아기로 이 땅에 오셨다는 것을 거듭 상기해야 합니다. 성육신의 신비를 상기해야 한다는 말입니다. 그

것이 복음의 핵심이기 때문입니다. 대림절과 성탄절에 우리는 성육신의 신비를 깊이 묵상하는 시간을 가집니다. 매 주일마다 주님의 성육신을 기념하면 되는데 굳이 대림절, 성탄절을 가질 필요가 있느냐고 하는 것은 쓸데없이 트집을 잡는 것입니다.

대림절에 우리가 기다리는 분은 아기 예수만이 아닙니다. 우리는 다시 오실 영광의 주님을 기다립니다. 너무나 대조적이지요. 핏덩이 아기와 영광의 주님이 너무나 차이가 납니다. 그렇습니다. 하나님께서 인간이 되어 이 땅에 오셨습니다. 이것이 기독교만 가지고 있는 복음입니다. 모든 종교는 사람이 신이 되어 보려는 노력이지만 기독교는 신이 사람이 되신 것을 전합니다. 기독교는 인간의 높아짐이 아니라 하나님의 낮아짐을 가르칩니다. 우리는 먼저 아기 예수께로 가야 할 것입니다. 로마 황제가 다스리고 있던 때에 핏덩이 아기로 이 땅에 오신 하나님의 아드님 말입니다. 하나님께서는 아드님의 영광을 철저하게 가린 채 그를 이 땅에 보내셨습니다. 이 아기 예수, 인간 예수를 통해 하나님의 심방을 알아채는 사람에게 복이 있습니다.

6
송구영신 예배가
문제라는데요?

폰 게임으로 시시각각 현실을 잊으며
카페인으로 죽어 가는 마음을 새롭게
하는 현대인들에게 송구영신 예배는
어떤 의미일까요?

단순히 의미를 뿌리는 행사가 아니라
개인의 삶을 그리스도 안에서 새롭게
바꾸어 주는 절기가 되도록
목회자의 직접적인 관심과 양육으로
이어지기를...

한국 교회는 대부분 송구영신 예배를 합니다. 신자들이 동해로 몰려가 일출을 맞는다든지, 제야(除夜)의 종소리를 듣기 위해 시내에 나가는 것보다는 예배당에 모여 한 해를 돌아보고 새로운 해에 대한 소망을 기도로 아뢰는 것이 좋겠지요. 새해 이브는 철야를 하기도 하는데요. 한 해가 끝나고 새로운 한 해가 시작되는 시간이 다른 날이나 시간들과 질적으로 다르다고 생각하기 때문입니다. 그런데 이런 것도 미신적인 것이라고 말하는 이들이 있는데요. 교회 역사에서 새해 이브에 철야한 적이 있었나요? 교회가 송구영신을 제대로 하는 방법을 가르쳐 주면 좋겠네요.

송구영신 예배에 관해 물으셨네요. 그러고 보니 올해에는 12월 31일이 토요일입니다. 다음 날이 주일인데 송구영신 모임을 어떻게 하는 것이 좋을까요? 일반적으로 송구영신 예배는 저녁 10시나 11시에 시작하여 자정이 될 때 마쳐서 다 같이 새해 인사를 하는 것으로 끝냅니다. 새해가 시작되는 시간에 맞추는 것이 중요하다고 생각하니까요. 시간은 흐르고 흐르는 것이어서 딱 자를 수 없고, 한 해의 시작과 끝이 인위적으로 나뉘는 것도 아닙니다. 그럼에도 불구하고 하나님께서는 우리에게 한 매듭을 지우고 새로운 매듭을 시작하는 은혜를 베풀어 주십니다.

언급하셨듯이 세상에는 새해를 맞는 다양한 행사가 있습니다. 네덜란드에 있을 때 폭죽을 터뜨리면서 새로운 한 해를 맞는 것을 보았습니다. 가정마다 폭죽을 얼마나 많이 사는지 모릅니다. 폭죽을 백만 원 가까이 사는 것도 보았습니다. 그러고는 12월 31일 자정, 즉 1월 1일이 시작되면 폭죽을 터뜨립니다. 전국이 폭죽 소리로 가득 찹니다. 폭죽 터뜨린 연기로 자욱합니다. 이렇게 2-30분 정도 폭죽을 터뜨린 후에 동네 사람들이 맥주를 한 잔씩 나누면서 새해 인사를 하고 잠자리에 듭니다. 한편, 유럽 사람들은 1월 1일 새벽같이 북해로 몰려가 바다에 몸을 던집니다. 그 추운 바다에 몸을 던지면서 새로운 한 해를 맞습니다.

동양에서는 해를 맞이하는 풍습이 자리를 잡았습니다. 우리나라도 동해안의 일출을 보기 위해 신년 이브에 몰려가지 않습니까? 옛날처럼 태양을 미신처럼 섬기는 것은 아니라고 하더라도 태양이 떠오르는 것을 보면서 한 해에 대한 희망을 빌어 보려는 마음을 가지고 있으니까요. 그만큼 새로운 한 해에 대한 기대만이 아니라 불안이 자리 잡고 있는 것이겠지요. 이렇게 멀리 가지 못하는 사람들은 한 해가 시작되는 시간에 제야의 종소리를 듣기 위해 시내로 몰려가기도 합니다.

고대에는 절기 전야에 철야하는 풍습이 있었습니다. 가장 대표적으로 부활절 전날 교회에 모여 축하하면서 세례를 베풀었습니다. 이후에는 주일 전날이나 성인의 날 전날에 철야를 하기도 했습니다. 이런 풍습은 유대인들의 날 개념, 즉 해가 질 때부터 다음 날 해질 때까지를 하루로 생각한 것과 연관이 있을 수 있습니다. 하지만 그리스도께서 밤에 오신다는 생각 때문에 밤에 자지 않고 철야하면서 기도하고 찬송하며 말씀을 받는 것이 좋겠다고 생각한 탓도 있습니다.

최근에는 영국의 감리교 운동이 철야 모임을 활성화했습니다. 존 웨슬리가 주도했는데 오후 8시 30분부터 자정이 지난 오전 12시 30분까지

기도하고 찬송하고 설교를 들었습니다. 신자들의 영성을 깊게 하기 위해 이런 철야 기도회를 가졌습니다. 매주 한 것은 아니고 만월 가까이에 오는 주 금요일에 이런 철야 모임을 많이 가졌습니다. 그래야 달빛의 도움을 받아 철야 모임을 마치고 집으로 안전하게 돌아갈 수 있기 때문입니다. 이후에 금식하는 날들에, 특히 연말에 철야 기도회를 가졌습니다. 당시 민간 풍습처럼 새 해를 보고자 하는 소망이 신자들에게도 있었기 때문입니다.

새해 이브에, 자정에 기도회를 가지는 것이 잘못은 아닙니다. 사람은 시간에 매여 살아가는 존재이기에 새롭게 시작하는 것이 필요하니까요. 송구영신 기도회를 통해 시간 자체가 우리를 새롭게 하는 것이 아니라 시간의 주인이신 그리스도께서 우리를 새롭게 불러 주시고, 은혜를 베풀어 주신다는 것을 새기면 좋겠습니다. 올해에는 새해 이브가 토요일이니 조금 이른 시간에 송구영신 기도회를 가진 후 집에 돌아가 푹 쉬고 주일을 기쁨으로 맞이하면 좋겠습니다. 주일이 매주의 시작일 뿐만 아니라 모든 새로움의 근원이기 때문입니다.

7
송구영신 예배 시 말씀 카드 뽑기, 이상합니다

언제부터인지 송구영신 예배 때 하는 것 중에 하나가 말씀 카드 뽑기인데요. 새해에 하나님께서 각 개인에게 주신 말씀이니 잘 뽑으라고 하더군요. 저도 얼떨결에 나가서 말씀 카드를 뽑았는데요. 뽑는 그 순간에는 나에게 이상한(?) 말씀이 걸리지 않았으면 하는 생각을 하게 되더군요. 나중에 다른 신자들이 뽑은 말씀을 확인해 보았더니 대부분 하나님께서 함께해 주신다는 말씀이었습니다. 그중에도 직접적으로 복이 들어간 말씀 카드가 걸리지 않은 분들의 반응이 신통찮더군요. 말씀 카드에 과민하게 반응하는 것을 보면서 이게 부적과 뭐가 다른지 모르겠습니다. 송구영신 예배를 꼭 해야 하는지, 한다면 어떻게 하는 것이 좋은지 알려 주세요.

어느덧 한 해가 지나가고 새로운 한 해를 맞이해야 하는 시점에 이르렀군요. 한 해를 잘 마무리할 수 있는 길이 어디에 있을까요? 올해에는 이슬람 극단주의자들에 의한 파리 테러로 연말 성탄절 분위기가 실종되었는데요. 차분하게 한 해를 정리할 수 있는 기회로 삼아야 하겠습니다. 그렇다고 우리 한국의 고유한 망년회 분위기는 없어지지 않을 것입니다. 부어라 마시라 하는 연말 분위기는 없어지지 않을 것입니다. 타락한 우리 인생은 한 해를 애써 잊어 보려고 하는 모습을 버리기 힘들 테니까요.

차제에 우리는 시간을 깊이 생각해 보아야 합니다. 우리는 편의상 시간을 과거, 현재, 미래로 나눕니다. 그런데 시간은 나눌 수 있는 것이 아닙니다. 물 흐르듯이 흘러가는 것이 시간이니까요. 사실, 존재하는 시간은 현재뿐이라고 말해야 할 것입니다. 아니, 현재조차도 없는 것인지 모르겠습니다. 현재를 말하는 순간 그 현재는 과거가 되어 버리기 때문입니다. 과거도 우리에게는 없는 시간이고요. 그렇다면 어떤 시간도 우리의 것이 아닙니다. 시간은 주님의 것입니다. 이런 관점에서 우리가 옛 시간을 떠나보내고 새로운 시간을 맞이한다는 것 자체가 어불성설인지도 모르겠습니다. 새해가 시작되는 순간 자체에 무슨 새로움이 있는 것이 아닙니다. 그럼에도 불구하고 하나님께서는 그리스도를 통해 우리에게 늘 새롭게 출발할 수 있는 은혜를 주십니다.

감리교의 창시자인 존 웨슬리가 성탄 절기가 세속화된 것을 되돌리고자 철야 예배를 하면서 한 해를 돌아본 것이 송구영신 예배의 기원입니다. 교회력에도 없는 이런 송구영신 예배 자체를 반대하는 분들이 있습니다. 그런 것은 날 자체를 섬기는 것이라고 말입니다. 주일 예배로 충분한데 왜 송구영신 예배를 하냐고 말합니다. 예배라고 부르기보다는 기도회라고 부르면서 시간의 주인이신 하나님께 감사하는 시간을 가지는 것을 정죄할 이유는 없습니다. 마지막 시대는 모이기를 폐하는 시대이기에 주 중에 한 번이라도 더 모여서 주님의 도움을 구하는 것이 바람직합니다. 수요 기도회, 금요 기도회, 새벽 기도회도 점차로 시들해져 가는 상황인데 말입니다. 새해가 시작되는 시간에 기도하면서 하나님께서 함께해 주실 것을 구하는 것은 잘못된 것이 아닙니다.

문제는 지적하신 말씀 카드 뽑기 같은 잘못된 풍습인데요. 그 카드에 기록된 말씀 자체는 아무런 문제가 없습니다. 모든 성경이 하나님의 말씀이지만 각 개인이 한 구절이라도 자기의 말씀으로 삼으려고 하는 것에는 아무런 잘못이 없습니다. 문제는 그 구절들이 하나님께서 함께해 주실 것이라고 하는 말씀이 대부분이라는 사실입니다. 하나님께서 복을 주실 것이라고 하는 말씀이 대부분이라는 것입니다. 고난에 관련한 말씀은 아예 없을 것입니다. 한 해의 끝자락에 서 있는 교인들에게, 새로운 한 해의 시작점에 서서 불안한 마음을 가지고 있는 성도들에게 말씀으로 위로하는 것이 필요하겠지만 이런 말씀 카드 뽑기는 운세를 점치는 것과 다를 바가 없습니다. 신자들이 뽑은 그 구절을 부적처럼 여기는 것만큼 말씀을 오용하는 것은 없을 것입니다.

송구영신 기도회는 말 그대로 한 해를 돌아보는 시간입니다. 이제는 모든 미련을 내려놓고 우리의 모든 죄악들 위에 주님의 피를 뿌려 덮어 달라고 간구해야 할 것입니다. 한편, 송구영신 기도회는 말 그대로 새로운 한 해를 맞이하는 시간입니다. 우리는 좋은 말씀이 나에게 걸리는 요행을 바라지 말고 어떤 일을 만나든지 하나님만이 우리의 복임을 기뻐하겠다고 고백해야 할 것입니다. 복채 내듯이 헌금하고 목사는 교인들에게 일일이 축복 기도해 주는 것도 바람직하지 않습니다.

송구의 길은 무작정 잊는 것에 있지 않습니다. 영신의 길은 무작정 희망에 부푸는 것에 있지 않습니다. 우리는 송구영신 기도회를 통해 그리스도께서 우리의 죄악을 가져가신 것을 기뻐하고, 성령께서 우리를 이끌어 주실 것을 기대해야 하겠습니다. 제가 예언적(?)인 말을 해 보겠는데요. 새로운 한 해에는 하나님께서 크신 복을 베풀어 주실 것입니다. 또한 고난도 많을 것입니다. 고난 없는 신자는 없기 때문입니다. 신자는 고난조차도 복인 삶을 삽니다. '주님께서 시간의 주인이십니다. 저희들이 시간을 구속하도록, 고난의 길을 잘 가도록 도와주옵소서'라고 기도하며 새로운 한 해를 소망 가운데 맞이해야 하겠습니다.

8
새해를 어떻게 시작하는 것이 좋을까요?

요즘 교회력을 강조하는 이들이 많습니다. 우리는 일반적으로 새해 첫 주일 예배를 신년 예배라고 부르는데요. 이렇게 연초를 세상 방식으로 신년 예배라고 부르기보다는 주현절을 지키는 것이 옳다는 말이 있던데요. 1월 6일이 주현절이라고 합니다. 성탄절이 주 중에 오는 경우가 많은데, 그렇다면 주현절도 주 중에 오기 쉬운데요. 도대체 주현절을 지키려는 이유가 무엇입니까? 새해를 시작하는 교회 나름의 방식이 있어야 하겠다는 생각도 하지만 굳이 그렇게 하지 않아도 자연스럽게 새해가 시작되니 아무런 문제가 없을 텐데요.

주현절(主顯節)에 관해 물으셨네요. 주현절은 '주님의 현현'(Epiphany)을 기뻐하는 절기입니다. 성탄절과 비슷한 의미를 가지고 있지만 성육신을 풍성하게 축하하던 절기입니다. 사실, 주현절은 서방 교회에게는 낯선 절기입니다. 주현절은 동방 교회의 절기이기 때문입니다. 주현절이 먼저 만들어졌지만 서방 교회에서 성탄절이 생겨나면서 주현절이 점차로 잊혀졌습니다. 한편, 주현절은 세속적인 방식의 새해맞이 때문에 더 많이 잊혀져 갔습니다. 그런데 주현절의 의미를 잘 안다면 동방 교회를 존중하게 되겠지요. 예배 때 사도신경을 고백하는 것은 서방 교회의 전통이지만, 니케아 신경을 고백하면 동방 교회를 존중하게 되는 것처럼 말입니다.

고대 교회가 처음 만든 절기는 부활 절기였고, 그 다음으로 만든 절기가 성탄 절기인데요. 성탄 절기는 준비 절기인 대림절과 축하 절기인 성탄절과 주현절로 이루어져 있습니다. 성탄절은 일반적으로 서방 교회가 지킨 절기인데 12월 25일에 지킵니다. 로마의 이교도들은 12월 25일을 '무적의 태양 출생일'로 정해서 축제를 즐겼습니다. 태양 빛이 다시 길어지기 시작하는 것을 무적의 태양이 부활하는 것으로 생각했던 것입니다. 자연 종교의 모습이지요. 기독교회는 이 날을 피하지 않고 이 날에 세례를 주어서 그리스도께서 우리의 '의의 태양'이시라고 축하하면서 기뻐했습니다. 토착화의 좋은 예라고 할 수 있습니다.

사실, 주현절도 이와 비슷한 의미를 가지고 있습니다. 동방 교회 지역인 이집트는 로마와 달리 1월 6일에 태양을 숭배하는 축제를 벌였습니다. 이집트에도 여러 가지 신들이 많았지만 어느덧 태양신이 가장 중요한 신으로 자리를 잡았습니다. 이에 동방 교회는 그날을 피하지 않고 오히려 그날을 그리스도의 오심을 기리는 날로 축하하기 시작했습니다. 동방 교회에서는 이 주현절로 새로운 한 해를 시작한 것입니다. 1월 6일에 시작된 주현절은 최소한 2달 가까이 진행됩니다. 부활 절기의 준비 절기인 사순절에 바통을 넘겨주기까지 진행됩니다.

주현절의 독특함이 무엇일까요? 동방 교회는 주현절에 예수님의 탄생뿐만 아니라 동방 박사들이 와서 아기 예수께 경배한 것, 그리스도께서 요한에게 세례받으신 것, 예수님께서 가나의 혼인 잔치에서 물을 포도주로 바꾸신 것 등을 축하했습니다. 성자께서 인간이 되어 이 땅에 태어나신 것뿐만 아니라 그리스도의 생애 초기를 묵상하는 절기로 삼았습니다. 세례받으심이 공적인 나타남이라고 본 것은 맞는 말입니다.

교회력에서는 대림절부터 새로운 한 해가 시작됩니다. 교회는 성자께서 성육신하여 이 땅에 오신 것을 묵상하면서 교회력의 새로운 한 해를 시작합니다. 이게 세속 시간에도 의미를 부여할 수 있습니다. 그리스도의 오심을 연말과 연초에 묵상할 수 있으니 말입니다. 이 묵상은 한동안 계속됩니다. 인위적으로 구분한 1월 1일이 우리를 새롭게 하는 것이 아니라 성육신하여 우리 가운데 찾아와 주신 주님으로 인해 우리의 날들이며 우리의 몸이 새롭게 됩니다.

목사들은 1, 2월의 목회와 설교 주제를 찾기에 골몰합니다. 뭔가 쌈박(?)하고 새롭게 시작하는 모습을 보여 주기 원하기 때문입니다. 주현절을 굳이 지키지 않더라도 성육신을 묵상하는 시간들을 가지는 것이 좋은 시작이 될 것입니다. 한 해의 시작 시점에 신자들이 막연한 기대에 들뜨고, 막연한 불안에 떨기보다는 성자께서 이 낮고 낮은 곳에 임하셨다는 것을 묵상한다면 얼마나 힘이 나겠습니까? 하나님께서 우리의 잔잔한 일상을 기뻐하신다고 하니, 그리스도로 인해 우리의 몸도 기쁘게 받으신다고 하니 새해를 시작할 용기가 생기지 않겠습니까?

"개혁주의 예배 모범을 찾아서"

이 책의 어떤 질문들은 제가 스스로 만들어 낸 것입니다. 그런데 그것들은 가상의 질문이라기보다는 한국 교회 상황에서 반드시 묻고 답해야 하는 질문들이었습니다. 이 책을 통해 예배의 환경을 포함하여 예배 요소와 순서를 조목조목 짚어 내므로 한국 교회 예배갱신에 조금이나마 도움을 주고자 했습니다.

그동안 한국 교회는 고속 성장기에 있었기 때문에 예배의 원리와 순서가 어떠하든지 크게 문제가 되지 않았습니다. 소위 말하는 은혜만 되면 된다는 생각이 많았고, 여느 종교에나 있는 종교성을 부추기기까지 했습니다. 그런데 이제는 예배의 의미에 관해 알고 진리의 성령으로 예배해야 합니다.

개혁주의 예배는 오직 성경에 근거하여 예배하면서 삼위 하나님과 교제하기에 다른 모든 종교의 예배와 다릅니다. 언약에 근거한 개혁주의 예배를 회복하는 것은 한국 교회 신자들을 하나님 닮은 신자들로 만들 수 있는 길입니다. 예배가 아니고서는 신자와 사회를 개혁할 수 있는 길이 없습니다.

한국 교회는 부흥 운동의 영향을 받은 선교사들의 가르침을 받아들여 고백과 예전을 중요시하지 않았습니다. 이에 예배를 교회 성장의 중요한 도구로 생각하기까지 이릅니다. 이런 상황에서 질서 있게 예배하고, 삼위 하나님과의 교제를 중요시하는 언약적 예배는 싱거워(?) 보입니다. 예전을 중요시하는 교회는 성장이 힘든 것이 사실입니다. 이에 한국 신자들의 거룩한 감정을 제대로 고양시키는 예전을 찾는 것이 관건일 것입니다. 저부터라도 예배를 새롭게 하는 일에 힘쓰도록 하겠습니다.

에필로그의 내용은 〈기독교보〉 1244호(2017. 2. 4)에 실린 인터뷰 기사를 정리한 것입니다.

예배
무엇이든 물어보세요

2